T&P BOOKS

HINDI

WORTSCHATZ

FÜR DAS SELBSTSTUDIUM

DEUTSCH
HINDI

Die nützlichsten Wörter
Zur Erweiterung Ihres Wortschatzes und
Verbesserung der Sprachfertigkeit

3000 Wörter

Wortschatz Deutsch-Hindi für das Selbststudium - 3000 Wörter

Von Andrey Taranov

T&P Books Vokabelbücher sind dafür vorgesehen, beim Lernen einer Fremdsprache zu helfen, Wörter zu memorieren und zu wiederholen. Das Wörterbuch ist nach Themen aufgeteilt und deckt alle wichtigen Bereiche des täglichen Lebens, Berufs, Wissenschaft, Kultur etc. ab.

Durch das Benutzen der themenbezogenen T&P Books ergeben sich folgende Vorteile für den Lernprozess:

- Sachgemäß geordnete Informationen bestimmen den späteren Erfolg auf den darauffolgenden Stufen der Memorisierung
- Die Verfügbarkeit von Wörtern, die sich aus der gleichen Wurzel ableiten lassen, erlaubt die Memorisierung von Worteinheiten (mehr als bei einzeln stehenden Wörtern)
- Kleine Worteinheiten unterstützen den Aufbauprozess von assoziativen Verbindungen für die Festigung des Wortschatzes
- Die Kenntnis der Sprache kann aufgrund der Anzahl der gelernten Wörter eingeschätzt werden

T&P Books Publishing
www.tpbooks.com

ISBN: 978-1-78616-576-3

Dieses Buch ist auch im E-Book Format erhältlich.
Besuchen Sie uns auch auf www.tpbooks.com oder auf einer der bedeutenden Buchhandlungen online.

WORTSCHATZ DEUTSCH-HINDI
für das Selbststudium

Die Vokabelbücher von T&P Books sind dafür vorgesehen, Ihnen beim Lernen einer Fremdsprache zu helfen, Wörter zu memorieren und zu wiederholen. Der Wortschatz enthält über 3000 häufig gebrauchte, thematisch geordnete Wörter.

- Der Wortschatz enthält die am häufigsten benutzten Wörter
- Eignet sich als Ergänzung zu jedem Sprachkurs
- Erfüllt die Bedürfnisse von Anfängern und fortgeschrittenen Lernenden von Fremdsprachen
- Praktisch für den täglichen Gebrauch, zur Wiederholung und um sich selbst zu testen
- Ermöglicht es, Ihren Wortschatz einzuschätzen

Besondere Merkmale des Wortschatzes:

- Wörter sind entsprechend ihrer Bedeutung und nicht alphabetisch organisiert
- Wörter werden in drei Spalten präsentiert, um das Wiederholen und den Selbstüberprüfungsprozess zu erleichtern
- Wortgruppen werden in kleinere Einheiten aufgespalten, um den Lernprozess zu fördern
- Der Wortschatz bietet eine praktische und einfache Lautschrift jedes Wortes der Fremdsprache

Der Wortschatz hat 101 Themen, einschließlich:

Grundbegriffe, Zahlen, Farben, Monate, Jahreszeiten, Maßeinheiten, Kleidung und Accessoires, Essen und Ernährung, Restaurant, Familienangehörige, Verwandte, Charaktereigenschaften, Empfindungen, Gefühle, Krankheiten, Großstadt, Kleinstadt, Sehenswürdigkeiten, Einkaufen, Geld, Haus, Zuhause, Büro, Import & Export, Marketing, Arbeitsuche, Sport, Ausbildung, Computer, Internet, Werkzeug, Natur, Länder, Nationalitäten und vieles mehr...

INHALT

LEITFADEN FÜR DIE AUSSPRACHE

Buchstabe	Hindi Beispiel	T&P phonetisches Alphabet	Deutsch Beispiel

Vokale

अ	अक्सर	[a]; [ɑ], [ə]	schwarz; halte
आ	आगमन	[a:]	Zahlwort
इ	इनाम	[i]	ihr, finden
ई	ईश्वर	[i], [i:]	Wieviel
उ	उठना	[ʊ]	dumm
ऊ	ऊपर	[u:]	Zufall
ऋ	ऋग्वेद	[r, rʲ]	Kristall
ए	एकता	[e:]	Wildleder
ऐ	ऐनक	[aj]	Reihe
ओ	ओला	[o:]	groß
औ	औरत	[au]	Knoblauch
अं	अंजीर	[ŋ]	Känguru
अः	अ से अः	[h]	brauchbar
ऑ	ऑफिस	[ɒ]	provozieren

Konsonanten

क	कमरा	[k]	Kalender
ख	खिड़की	[kh]	Flughafen
ग	गरज	[g]	gelb
घ	घर	[gh]	aspiriertes [g]
ङ	डाकू	[ŋ]	Känguru
च	चक्कर	[t͡ʃ]	Matsch
छ	छात्र	[t͡ʃh]	aspiriert [tsch]
ज	जाना	[d͡ʒ]	Kambodscha
झ	झलक	[d͡ʒ]	Kambodscha
ञ	विज्ञान	[n]	Champagner
ट	मटर	[t]	still
ठ	ठेका	[th]	Mädchen
ड	डंडा	[d]	Detektiv
ढ	ढलान	[d]	Detektiv
ण	क्षण	[n]	Ein stimmhafter retroflexer Nasal
त	ताकत	[t]	still
थ	थकना	[th]	Mädchen
द	दरवाज़ा	[d]	Detektiv
ध	धोना	[d]	Detektiv
न	नाई	[n]	Vorhang

Buchstabe	Hindi Beispiel	T&P phonetisches Alphabet	Deutsch Beispiel
प	पिता	[p]	Polizei
फ	फल	[f]	fünf
ब	बच्चा	[b]	Brille
भ	भाई	[b]	Brille
म	माता	[m]	Mitte
य	याद	[j]	Jacke
र	रीछ	[r]	richtig
ल	लाल	[l]	Juli
व	वचन	[v]	November
श	शिक्षक	[ʃ]	Chance
ष	भाषा	[ʃ]	Chance
स	सोना	[s]	sein
ह	हज़ार	[h]	brauchbar

Zusätzliche Konsonanten

क़	क़लम	[q]	Kobra
ख़	ख़बर	[h]	brauchbar
ड़	लड़का	[r]	richtig
ढ़	पढ़ना	[r]	richtig
ग़	ग़लती	[ɣ]	Vogel (Berlinerisch)
ज़	ज़िन्दगी	[z]	sein
झ़	ट्रॅझ़र	[ʒ]	Regisseur
फ़	फ़ौज	[f]	fünf

ABKÜRZUNGEN
die im Vokabular verwendet werden

Deutsch. Abkürzungen

Adj	-	Adjektiv
Adv	-	Adverb
Amtsspr.	-	Amtssprache
f	-	Femininum
f, n	-	Femininum, Neutrum
Fem.	-	Femininum
m	-	Maskulinum
m, f	-	Maskulinum, Femininum
m, n	-	Maskulinum, Neutrum
Mask.	-	Maskulinum
n	-	Neutrum
pl	-	Plural
Sg.	-	Singular
ugs.	-	umgangssprachlich
unzähl.	-	unzählbar
usw.	-	und so weiter
v mod	-	Modalverb
vi	-	intransitives Verb
vi, vt	-	intransitives, transitives Verb
vt	-	transitives Verb
zähl.	-	zählbar
z.B.	-	zum Beispiel

Hindi. Abkürzungen

f	-	Femininum
f pl	-	Femininum plural
m	-	Maskulinum
m pl	-	Maskulinum plural

GRUNDBEGRIFFE

1. Pronomen

ich	मैं	main
du	तुम	tum
er, sie, es	वह	vah
wir	हम	ham
ihr	आप	āp
sie	वे	ve

2. Grüße. Begrüßungen

Hallo! (ugs.)	नमस्कार!	namaskār!
Hallo! (Amtsspr.)	नमस्ते!	namaste!
Guten Morgen!	नमस्ते!	namaste!
Guten Tag!	नमस्ते!	namaste!
Guten Abend!	नमस्ते!	namaste!
grüßen (vi, vt)	नमस्कार कहना	namaskār kahana
Hallo! (ugs.)	नमस्कार!	namaskār!
Gruß (m)	अभिवादन (m)	abhivādan
begrüßen (vt)	अभिवादन करना	abhivādan karana
Wie geht's?	आप कैसे हैं?	āp kaise hain?
Was gibt es Neues?	क्या हाल है?	kya hāl hai?
Auf Wiedersehen!	अलविदा!	alavida!
Bis bald!	फिर मिलेंगे!	fir milenge!
Lebe wohl!	अलिवदा!	alivada!
Leben Sie wohl!	अलविदा!	alavida!
sich verabschieden	अलविदा कहना	alavida kahana
Tschüs!	अलविदा!	alavida!
Danke!	धन्यवाद!	dhanyavād!
Dankeschön!	बहुत बहुत शुक्रिया!	bahut bahut shukriya!
Bitte (Antwort)	कोई बात नहीं	koī bāt nahin
Keine Ursache.	कोई बात नहीं	koī bāt nahin
Nichts zu danken.	कोई बात नहीं	koī bāt nahin
Entschuldige!	माफ़ कीजिएगा!	māf kījiega!
Entschuldigung!	माफ़ी कीजियेगा!	māfī kījiyega!
entschuldigen (vt)	माफ़ करना	māf karana
sich entschuldigen	माफ़ी मांगना	māfī māngana
Verzeihung!	मुझे माफ़ कीजिएगा	mujhe māf kījiega
Es tut mir leid!	मुझे माफ़ कीजिएगा!	mujhe māf kījiega!
verzeihen (vt)	माफ़ करना	māf karana

bitte (Die Rechnung, ~!)	कृप्या	krpya
Nicht vergessen!	भूलना नहीं!	bhūlana nahin!
Natürlich!	ज़रूर!	zarūr!
Natürlich nicht!	बिल्कुल नहीं!	bilkul nahin!
Gut! Okay!	ठीक है!	thīk hai!
Es ist genug!	बहुत हुआ!	bahut hua!

3. Fragen

Wer?	कौन?	kaun?
Was?	क्या?	kya?
Wo?	कहाँ?	kahān?
Wohin?	किधर?	kidhar?
Woher?	कहाँ से?	kahān se?
Wann?	कब?	kab?
Wozu?	क्यों?	kyon?
Warum?	क्यों?	kyon?
Wofür?	किस लिये?	kis liye?
Wie?	कैसे?	kaise?
Welcher?	कौन-सा?	kaun-sa?
Wem?	किसको?	kisako?
Über wen?	किसके बारे में?	kisake bāre men?
Wovon? (~ sprichst du?)	किसके बारे में?	kisake bāre men?
Mit wem?	किसके?	kisake?
Wie viel? Wie viele?	कितना?	kitana?
Wessen?	किसका?	kisaka?

4. Präpositionen

mit (Frau ~ Katzen)	के साथ	ke sāth
ohne (~ Dich)	के बिना	ke bina
nach (~ London)	की तरफ़	kī taraf
über (~ Geschäfte sprechen)	के बारे में	ke bāre men
vor (z.B. ~ acht Uhr)	के पहले	ke pahale
vor (z.B. ~ dem Haus)	के सामने	ke sāmane
unter (~ dem Schirm)	के नीचे	ke nīche
über (~ dem Meeresspiegel)	के ऊपर	ke ūpar
auf (~ dem Tisch)	पर	par
aus (z.B. ~ München)	से	se
aus (z.B. ~ Porzellan)	से	se
in (~ zwei Tagen)	में	men
über (~ zaun)	के ऊपर चढ़कर	ke ūpar charhakar

5. Funktionswörter. Adverbien. Teil 1

Wo?	कहाँ?	kahān?
hier	यहाँ	yahān

dort	वहां	vahān
irgendwo	कहीं	kahīn
nirgends	कहीं नहीं	kahīn nahin
an (bei)	के पास	ke pās
am Fenster	खिड़की के पास	khirakī ke pās
Wohin?	किधर?	kidhar?
hierher	इधर	idhar
dahin	उधर	udhar
von hier	यहां से	yahān se
von da	वहां से	vahān se
nah (Adv)	पास	pās
weit, fern (Adv)	दूर	dūr
in der Nähe von …	निकट	nikat
in der Nähe	पास	pās
unweit (~ unseres Hotels)	दूर नहीं	dūr nahin
link (Adj)	बायाँ	bāyān
links (Adv)	बायीं तरफ़	bāyīn taraf
nach links	बायीं तरफ़	bāyīn taraf
recht (Adj)	दायां	dāyān
rechts (Adv)	दायीं तरफ़	dāyīn taraf
nach rechts	दायीं तरफ़	dāyīn taraf
vorne (Adv)	सामने	sāmane
Vorder-	सामने का	sāmane ka
vorwärts	आगे	āge
hinten (Adv)	पीछे	pīchhe
von hinten	पीछे से	pīchhe se
rückwärts (Adv)	पीछे	pīchhe
Mitte (f)	बीच (m)	bīch
in der Mitte	बीच में	bīch men
seitlich (Adv)	कोने में	kone men
überall (Adv)	सभी	sabhī
ringsherum (Adv)	आस-पास	ās-pās
von innen (Adv)	अंदर से	andar se
irgendwohin (Adv)	कहीं	kahīn
geradeaus (Adv)	सीधे	sīdhe
zurück (Adv)	वापस	vāpas
irgendwoher (Adv)	कहीं से भी	kahīn se bhī
von irgendwo (Adv)	कहीं से	kahīn se
erstens	पहले	pahale
zweitens	दूसरा	dūsara
drittens	तीसरा	tīsara
plötzlich (Adv)	अचानक	achānak
zuerst (Adv)	शुरू में	shurū men

zum ersten Mal	पहली बार	pahalī bār
lange vor...	बहुत समय पहले ...	bahut samay pahale ...
von Anfang an	नई शुरुआत	naī shurūāt
für immer	हमेशा के लिए	hamesha ke lie
nie (Adv)	कभी नहीं	kabhī nahin
wieder (Adv)	फिर से	fir se
jetzt (Adv)	अब	ab
oft (Adv)	अकसर	akasar
damals (Adv)	तब	tab
dringend (Adv)	तत्काल	tatkāl
gewöhnlich (Adv)	आमतौर पर	āmataur par
übrigens, ...	प्रसंगवश	prasangavash
möglicherweise (Adv)	मुमकिन	mumakin
wahrscheinlich (Adv)	संभव	sambhav
vielleicht (Adv)	शायद	shāyad
außerdem ...	इस के अलावा	is ke alāva
deshalb ...	इस लिए	is lie
trotz ...	फिर भी ...	fir bhī ...
dank ...	... की मेहरबानी से	... kī meharabānī se
was (~ ist denn?)	क्या	kya
das (~ ist alles)	कि	ki
etwas	कुछ	kuchh
irgendwas	कुछ भी	kuchh bhī
nichts	कुछ नहीं	kuchh nahin
wer (~ ist ~?)	कौन	kaun
jemand	कोई	koī
irgendwer	कोई	koī
niemand	कोई नहीं	koī nahin
nirgends	कहीं नहीं	kahīn nahin
niemandes (~ Eigentum)	किसी का नहीं	kisī ka nahin
jemandes	किसी का	kisī ka
so (derart)	कितना	kitana
auch	भी	bhī
ebenfalls	भी	bhī

6. Funktionswörter. Adverbien. Teil 2

Warum?	क्यों?	kyon?
aus irgendeinem Grund	किसी कारणवश	kisī kāranavash
weil ...	क्यों कि ...	kyon ki ...
zu irgendeinem Zweck	किसी वजह से	kisī vajah se
und	और	aur
oder	या	ya
aber	लेकिन	lekin
für (präp)	के लिए	ke lie
zu (~ viele)	ज़्यादा	zyāda
nur (~ einmal)	सिर्फ़	sirf

| genau (Adv) | ठीक | thīk |
| etwa | करीब | karīb |

ungefähr (Adv)	लगभग	lagabhag
ungefähr (Adj)	अनुमानित	anumānit
fast	करीब	karīb
Übrige (n)	बाक़ी	bāqī

jeder (~ Mann)	हर एक	har ek
beliebig (Adj)	कोई	koī
viel	बहुत	bahut
viele Menschen	बहुत लोग	bahut log
alle (wir ~)	सभी	sabhī

im Austausch gegen ...	... के बदले में	... ke badale men
dafür (Adv)	की जगह	kī jagah
mit der Hand (Hand-)	हाथ से	hāth se
schwerlich (Adv)	शायद ही	shāyad hī

wahrscheinlich (Adv)	शायद	shāyad
absichtlich (Adv)	जानबूझकर	jānabūjhakar
zufällig (Adv)	संयोगवश	sanyogavash

sehr (Adv)	बहुत	bahut
zum Beispiel	उदाहरण के लिए	udāharan ke lie
zwischen	के बीच	ke bīch
unter (Wir sind ~ Mördern)	में	men
so viele (~ Ideen)	इतना	itana
besonders (Adv)	ख़ासतौर पर	khāsataur par

ZAHLEN. VERSCHIEDENES

7. Grundzahlen. Teil 1

null	ज़ीरो	zīro
eins	एक	ek
zwei	दो	do
drei	तीन	tīn
vier	चार	chār
fünf	पाँच	pānch
sechs	छह	chhah
sieben	सात	sāt
acht	आठ	āth
neun	नौ	nau
zehn	दस	das
elf	ग्यारह	gyārah
zwölf	बारह	bārah
dreizehn	तेरह	terah
vierzehn	चौदह	chaudah
fünfzehn	पन्द्रह	pandrah
sechzehn	सोलह	solah
siebzehn	सत्रह	satrah
achtzehn	अठारह	athārah
neunzehn	उन्नीस	unnīs
zwanzig	बीस	bīs
einundzwanzig	इक्कीस	ikkīs
zweiundzwanzig	बाईस	baīs
dreiundzwanzig	तेईस	teīs
dreißig	तीस	tīs
einunddreißig	इकत्तीस	ikattīs
zweiunddreißig	बत्तीस	battīs
dreiunddreißig	तैंतीस	taintīs
vierzig	चालीस	chālīs
einundvierzig	इक्तालीस	iktālīs
zweiundvierzig	बयालीस	bayālīs
dreiundvierzig	तैंतालीस	taintālīs
fünfzig	पचास	pachās
einundfünfzig	इक्यावन	ikyāvan
zweiundfünfzig	बावन	bāvan
dreiundfünfzig	तिरपन	tirapan
sechzig	साठ	sāth
einundsechzig	इकसठ	ikasath

| zweiundsechzig | बासठ | bāsath |
| dreiundsechzig | तिरसठ | tirasath |

siebzig	सत्तर	sattar
einundsiebzig	इकहत्तर	ikahattar
zweiundsiebzig	बहत्तर	bahattar
dreiundsiebzig	तिहत्तर	tihattar

achtzig	अस्सी	assī
einundachtzig	इक्यासी	ikyāsī
zweiundachtzig	बयासी	bayāsī
dreiundachtzig	तिरासी	tirāsī

neunzig	नब्बे	nabbe
einundneunzig	इक्यानवे	ikyānave
zweiundneunzig	बानवे	bānave
dreiundneunzig	तिरानवे	tirānave

8. Grundzahlen. Teil 2

einhundert	सौ	sau
zweihundert	दो सौ	do sau
dreihundert	तीन सौ	tīn sau
vierhundert	चार सौ	chār sau
fünfhundert	पाँच सौ	pānch sau

sechshundert	छह सौ	chhah sau
siebenhundert	सात सो	sāt so
achthundert	आठ सौ	āth sau
neunhundert	नौ सौ	nau sau

eintausend	एक हज़ार	ek hazār
zweitausend	दो हज़ार	do hazār
dreitausend	तीन हज़ार	tīn hazār
zehntausend	दस हज़ार	das hazār
hunderttausend	एक लाख	ek lākh
Million (f)	दस लाख (m)	das lākh
Milliarde (f)	अरब (m)	arab

9. Ordnungszahlen

der erste	पहला	pahala
der zweite	दूसरा	dūsara
der dritte	तीसरा	tīsara
der vierte	चौथा	chautha
der fünfte	पाँचवाँ	pānchavān

der sechste	छठा	chhatha
der siebte	सातवाँ	sātavān
der achte	आठवाँ	āthavān
der neunte	नौवाँ	nauvān
der zehnte	दसवाँ	dasavān

FARBEN. MAßEINHEITEN

10. Farben

Farbe (f)	रंग (m)	rang
Schattierung (f)	रंग (m)	rang
Farbton (m)	रंग (m)	rang
Regenbogen (m)	इन्द्रधनुष (f)	indradhanush
weiß	सफ़ेद	safed
schwarz	काला	kāla
grau	धूसर	dhūsar
grün	हरा	hara
gelb	पीला	pīla
rot	लाल	lāl
blau	नीला	nīla
hellblau	हल्का नीला	halka nīla
rosa	गुलाबी	gulābī
orange	नारंगी	nārangī
violett	बैंगनी	bainganī
braun	भूरा	bhūra
golden	सुनहरा	sunahara
silbrig	चांदी-जैसा	chāndī-jaisa
beige	हल्का भूरा	halka bhūra
cremefarben	क्रीम	krīm
türkis	फ़ीरोज़ी	fīrozī
kirschrot	चेरी जैसा लाल	cherī jaisa lāl
lila	हल्का बैंगनी	halka bainganī
himbeerrot	गहरा लाल	gahara lāl
hell	हल्का	halka
dunkel	गहरा	gahara
grell	चमकीला	chamakīla
Farb- (z.B. -stifte)	रंगीन	rangīn
Farb- (z.B. -film)	रंगीन	rangīn
schwarz-weiß	काला-सफ़ेद	kāla-safed
einfarbig	एक रंग का	ek rang ka
bunt	बहुरंगी	bahurangī

11. Maßeinheiten

Gewicht (n)	वज़न (m)	vazan
Länge (f)	लम्बाई (f)	lambaī

Breite (f)	चौड़ाई (f)	chauraī
Höhe (f)	ऊंचाई (f)	ūnchaī
Tiefe (f)	गहराई (f)	gaharaī
Volumen (n)	घनत्व (f)	ghanatv
Fläche (f)	क्षेत्रफल (m)	kshetrafal
Gramm (n)	ग्राम (m)	grām
Milligramm (n)	मिलीग्राम (m)	milīgrām
Kilo (n)	किलोग्राम (m)	kilogrām
Tonne (f)	टन (m)	tan
Pfund (n)	पौण्ड (m)	paund
Unze (f)	औन्स (m)	auns
Meter (m)	मीटर (m)	mītar
Millimeter (m)	मिलीमीटर (m)	milīmītar
Zentimeter (m)	सेंटीमीटर (m)	sentīmītar
Kilometer (m)	किलोमीटर (m)	kilomītar
Meile (f)	मील (m)	mīl
Zoll (m)	इंच (m)	inch
Fuß (m)	फुट (m)	fut
Yard (n)	गज (m)	gaj
Quadratmeter (m)	वर्ग मीटर (m)	varg mītar
Hektar (n)	हेक्टेयर (m)	hekteyar
Liter (m)	लीटर (m)	lītar
Grad (m)	डिग्री (m)	digrī
Volt (n)	वोल्ट (m)	volt
Ampere (n)	ऐम्पेयर (m)	aimpeyar
Pferdestärke (f)	अश्व शक्ति (f)	ashv shakti
Anzahl (f)	मात्रा (f)	mātra
etwas ...	कुछ ...	kuchh ...
Hälfte (f)	आधा (m)	ādha
Dutzend (n)	दर्जन (m)	darjan
Stück (n)	टुकड़ा (m)	tukara
Größe (f)	माप (m)	māp
Maßstab (m)	पैमाना (m)	paimāna
minimal (Adj)	न्यूनतम	nyūnatam
der kleinste	सब से छोटा	sab se chhota
mittler, mittel-	मध्य	madhy
maximal (Adj)	अधिकतम	adhikatam
der größte	सबसे बड़ा	sabase bara

12. Behälter

Glas (Einmachglas)	शीशी (f)	shīshī
Dose (z.B. Bierdose)	डिब्बा (m)	dibba
Eimer (m)	बाल्टी (f)	bāltī
Fass (n), Tonne (f)	पीपा (m)	pīpa
Waschschüssel (n)	चिलमची (f)	chilamachī

Tank (m)	कुण्ड (m)	kund
Flachmann (m)	फ्लास्क (m)	flāsk
Kanister (m)	जेरिकैन (m)	jerikain
Zisterne (f)	टंकी (f)	tankī
Kaffeebecher (m)	मग (m)	mag
Tasse (f)	प्याली (f)	pyālī
Untertasse (f)	सॉसर (m)	sosar
Wasserglas (n)	गिलास (m)	gilās
Weinglas (n)	वाइन गिलास (m)	vain gilās
Kochtopf (m)	सॉसपैन (m)	sosapain
Flasche (f)	बोतल (f)	botal
Flaschenhals (m)	गला (m)	gala
Karaffe (f)	जग (m)	jag
Tonkrug (m)	सुराही (f)	surāhī
Gefäß (n)	बरतन (m)	baratan
Tontopf (m)	घड़ा (m)	ghara
Vase (f)	फूलदान (m)	fūladān
Flakon (n)	शीशी (f)	shīshī
Fläschchen (n)	शीशी (f)	shīshī
Tube (z.B. Zahnpasta)	ट्यूब (m)	tyūb
Sack (~ Kartoffeln)	थैला (m)	thaila
Tüte (z.B. Plastiktüte)	थैली (f)	thailī
Schachtel (f) (z.B. Zigaretten~)	पैकेट (f)	paiket
Karton (z.B. Schuhkarton)	डिब्बा (m)	dibba
Kiste (z.B. Bananenkiste)	डिब्बा (m)	dibba
Korb (m)	टोकरी (f)	tokarī

DIE WICHTIGSTEN VERBEN

13. Die wichtigsten Verben. Teil 1

abbiegen (nach links ~)	मुड़ जाना	mur jāna
abschicken (vt)	भेजना	bhejana
ändern (vt)	बदलना	badalana
andeuten (vt)	इशारा करना	ishāra karana
Angst haben	डरना	darana
ankommen (vi)	पहुँचना	pahunchana
antworten (vi)	जवाब देना	javāb dena
arbeiten (vi)	काम करना	kām karana
auf ... zählen	भरोसा रखना	bharosa rakhana
aufbewahren (vt)	रखना	rakhana
aufschreiben (vt)	लिख लेना	likh lena
ausgehen (vi)	बाहर जाना	bāhar jāna
aussprechen (vt)	उच्चारण करना	uchchāran karana
bedauern (vt)	अफ़सोस जताना	afasos jatāna
bedeuten (vt)	अर्थ होना	arth hona
beenden (vt)	ख़त्म करना	khatm karana
befehlen (Milit.)	हुक्म देना	hukm dena
befreien (Stadt usw.)	आज़ाद करना	āzād karana
beginnen (vt)	शुरू करना	shurū karana
bemerken (vt)	देखना	dekhana
beobachten (vt)	देखना	dekhana
berühren (vt)	छूना	chhūna
besitzen (vt)	मालिक होना	mālik hona
besprechen (vt)	चर्चा करना	charcha karana
bestehen auf	आग्रह करना	āgrah karana
bestellen (im Restaurant)	ऑर्डर करना	ordar karana
bestrafen (vt)	सज़ा देना	saza dena
beten (vi)	दुआ देना	dua dena
bitten (vt)	माँगना	māngana
brechen (vt)	तोड़ना	torana
denken (vi, vt)	सोचना	sochana
drohen (vi)	धमकाना	dhamakāna
Durst haben	प्यास लगना	pyās lagana
einladen (vt)	आमंत्रित करना	āmantrit karana
einstellen (vt)	बंद करना	band karana
einwenden (vt)	एतराज़ करना	etarāz karana
empfehlen (vt)	सिफ़ारिश करना	sifārish karana
erklären (vt)	समझाना	samajhāna
erlauben (vt)	अनुमति देना	anumati dena

ermorden (vt)	मार डालना	mār dālana
erwähnen (vt)	उल्लेख करना	ullekh karana
existieren (vi)	होना	hona

14. Die wichtigsten Verben. Teil 2

fallen (vi)	गिरना	girana
fallen lassen	गिराना	girāna
fangen (vt)	पकड़ना	pakarana
finden (vt)	ढूँढना	dhūrhana
fliegen (vi)	उड़ना	urana
folgen (Folge mir!)	पीछे चलना	pīchhe chalana
fortsetzen (vt)	जारी रखना	jārī rakhana
fragen (vt)	पूछना	pūchhana
frühstücken (vi)	नाश्ता करना	nāshta karana
geben (vt)	देना	dena
gefallen (vi)	पसंद करना	pasand karana
gehen (zu Fuß gehen)	जाना	jāna
gehören (vi)	स्वामी होना	svāmī hona
graben (vt)	खोदना	khodana
haben (vt)	होना	hona
helfen (vi)	मदद करना	madad karana
herabsteigen (vi)	उतरना	utarana
hereinkommen (vi)	अंदर आना	andar āna
hoffen (vi)	आशा करना	āsha karana
hören (vt)	सुनना	sunana
hungrig sein	भूख लगना	bhūkh lagana
informieren (vt)	खबर देना	khabar dena
jagen (vi)	शिकार करना	shikār karana
kennen (vt)	जानना	jānana
klagen (vi)	शिकायत करना	shikāyat karana
können (v mod)	सकना	sakana
kontrollieren (vt)	नियंत्रित करना	niyantrit karana
kosten (vt)	दाम होना	dām hona
kränken (vt)	अपमान करना	apamān karana
lächeln (vi)	मुस्कुराना	muskurāna
lachen (vi)	हसना	hansana
laufen (vi)	दौड़ना	daurana
leiten (Betrieb usw.)	प्रबंधन करना	prabandhan karana
lernen (vt)	पढ़ाई करना	parhaī karana
lesen (vi, vt)	पढ़ना	parhana
lieben (vt)	प्यार करना	pyār karana
machen (vt)	करना	karana
mieten (Haus usw.)	किराए पर लेना	kirae par lena
nehmen (vt)	लेना	lena
noch einmal sagen	दोहराना	doharāna

| nötig sein | आवश्यक होना | āvashyak hona |
| öffnen (vt) | खोलना | kholana |

15. Die wichtigsten Verben. Teil 3

planen (vt)	योजना बनाना	yojana banāna
prahlen (vi)	डींग मारना	dīng mārana
raten (vt)	सलाह देना	salāh dena
rechnen (vt)	गिनना	ginana
reservieren (vt)	बुक करना	buk karana
retten (vt)	बचाना	bachāna
richtig raten (vt)	अंदाज़ा लगाना	andāza lagāna
rufen (um Hilfe ~)	बुलाना	bulāna
sagen (vt)	कहना	kahana
schaffen (Etwas Neues zu ~)	बनाना	banāna
schelten (vt)	डाँटना	dāntana
schießen (vi)	गोली चलाना	golī chalāna
schmücken (vt)	सजाना	sajāna
schreiben (vi, vt)	लिखना	likhana
schreien (vi)	चिल्लाना	chillāna
schweigen (vi)	चुप रहना	chup rahana
schwimmen (vi)	तैरना	tairana
schwimmen gehen	तैरना	tairana
sehen (vi, vt)	देखना	dekhana
sein (vi)	होना	hona
sich beeilen	जल्दी करना	jaldī karana
sich entschuldigen	माफ़ी मांगना	māfī māngana
sich interessieren	रुचि लेना	ruchi lena
sich irren	गलती करना	galatī karana
sich setzen	बैठना	baithana
sich weigern	इन्कार करना	inkār karana
spielen (vi, vt)	खेलना	khelana
sprechen (vi)	बोलना	bolana
staunen (vi)	हैरान होना	hairān hona
stehlen (vt)	चुराना	churāna
stoppen (vt)	रुकना	rukana
suchen (vt)	तलाश करना	talāsh karana

16. Die wichtigsten Verben. Teil 4

täuschen (vt)	धोखा देना	dhokha dena
teilnehmen (vi)	भाग लेना	bhāg lena
übersetzen (Buch usw.)	अनुवाद करना	anuvād karana
unterschätzen (vt)	कम मूल्यांकन करना	kam mūlyānkan karana
unterschreiben (vt)	हस्ताक्षर करना	hastākshar karana
vereinigen (vt)	संयुक्त करना	sanyukt karana

vergessen (vt)	भूलना	bhūlana
vergleichen (vt)	तुलना करना	tulana karana
verkaufen (vt)	बेचना	bechana
verlangen (vt)	माँगना	māngana

versäumen (vt)	ग़ैर-हाज़िर होना	gair-hāzir hona
versprechen (vt)	वचन देना	vachan dena
verstecken (vt)	छिपाना	chhipāna
verstehen (vt)	समझना	samajhana
versuchen (vt)	कोशिश करना	koshish karana

verteidigen (vt)	रक्षा करना	raksha karana
vertrauen (vi)	यकीन करना	yakīn karana
verwechseln (vt)	गड़बड़ा जाना	garabara jāna
verzeihen (vt)	क्षमा करना	kshama karana
voraussehen (vt)	उम्मीद करना	ummīd karana

vorschlagen (vt)	प्रस्ताव रखना	prastāv rakhana
vorziehen (vt)	तरजीह देना	tarajīh dena
wählen (vt)	चुनना	chunana
warnen (vt)	चेतावनी देना	chetāvanī dena
warten (vi)	इंतज़ार करना	intazār karana
weinen (vi)	रोना	rona

wissen (vt)	मालूम होना	mālūm hona
Witz machen	मज़ाक करना	mazāk karana
wollen (vt)	चाहना	chāhana
zahlen (vt)	दाम चुकाना	dām chukāna
zeigen (jemandem etwas)	दिखाना	dikhāna

zu Abend essen	रात्रिभोज करना	rātribhoj karana
zu Mittag essen	दोपहर का भोजन करना	dopahar ka bhojan karana
zubereiten (vt)	खाना बनाना	khāna banāna
zustimmen (vi)	राज़ी होना	rāzī hona
zweifeln (vi)	शक करना	shak karana

ZEIT. KALENDER

17. Wochentage

Montag (m)	सोमवार (m)	somavār
Dienstag (m)	मंगलवार (m)	mangalavār
Mittwoch (m)	बुधवार (m)	budhavār
Donnerstag (m)	गुरूवार (m)	gurūvār
Freitag (m)	शुक्रवार (m)	shukravār
Samstag (m)	शनिवार (m)	shanivār
Sonntag (m)	रविवार (m)	ravivār
heute	आज	āj
morgen	कल	kal
übermorgen	परसों	parason
gestern	कल	kal
vorgestern	परसों	parason
Tag (m)	दिन (m)	din
Arbeitstag (m)	कार्यदिवस (m)	kāryadivas
Feiertag (m)	सार्वजनिक छुट्टी (f)	sārvajanik chhuttī
freier Tag (m)	छुट्टी का दिन (m)	chhuttī ka din
Wochenende (n)	सप्ताहांत (m)	saptāhānt
den ganzen Tag	सारा दिन	sāra din
am nächsten Tag	अगला दिन	agala din
zwei Tage vorher	दो दिन पहले	do din pahale
am Vortag	एक दिन पहले	ek din pahale
täglich (Adj)	दैनिक	dainik
täglich (Adv)	हर दिन	har din
Woche (f)	हफ़्ता (f)	hafata
letzte Woche	पिछले हफ़्ते	pichhale hafate
nächste Woche	अगले हफ़्ते	agale hafate
wöchentlich (Adj)	सप्ताहिक	saptāhik
wöchentlich (Adv)	हर हफ़्ते	har hafate
zweimal pro Woche	हफ़्ते में दो बार	hafate men do bār
jeden Dienstag	हर मंगलवार को	har mangalavār ko

18. Stunden. Tag und Nacht

Morgen (m)	सुबह (m)	subah
morgens	सुबह में	subah men
Mittag (m)	दोपहर (m)	dopahar
nachmittags	दोपहर में	dopahar men
Abend (m)	शाम (m)	shām
abends	शाम में	shām men

Nacht (f)	रात (f)	rāt
nachts	रात में	rāt men
Mitternacht (f)	आधी रात (f)	ādhī rāt
Sekunde (f)	सेकन्ड (m)	sekand
Minute (f)	मिनट (m)	minat
Stunde (f)	घंटा (m)	ghanta
eine halbe Stunde	आधा घंटा	ādha ghanta
Viertelstunde (f)	सवा	sava
fünfzehn Minuten	पंद्रह मीनट	pandrah mīnat
Tag und Nacht	24 घंटे (m)	chaubīs ghante
Sonnenaufgang (m)	सूर्योदय (m)	sūryoday
Morgendämmerung (f)	सूर्योदय (m)	sūryoday
früher Morgen (m)	प्रांत:काल (m)	prātahkāl
Sonnenuntergang (m)	सूर्यास्त (m)	sūryāst
früh am Morgen	सुबह-सवेरे	subah-savere
heute Morgen	इस सुबह	is subah
morgen früh	कल सुबह	kal subah
heute Mittag	आज शाम	āj shām
nachmittags	दोपहर में	dopahar men
morgen Nachmittag	कल दोपहर	kal dopahar
heute Abend	आज शाम	āj shām
morgen Abend	कल रात	kal rāt
Punkt drei Uhr	ठीक तीन बजे में	thīk tīn baje men
gegen vier Uhr	लगभग चार बजे	lagabhag chār baje
um zwölf Uhr	बारह बजे तक	bārah baje tak
in zwanzig Minuten	बीस मीनट में	bīs mīnat men
in einer Stunde	एक घंटे में	ek ghante men
rechtzeitig (Adv)	ठीक समय पर	thīk samay par
Viertel vor …	पौने … बजे	paune … baje
innerhalb einer Stunde	एक घंटे के अंदर	ek ghante ke andar
alle fünfzehn Minuten	हर पंद्रह मीनट	har pandrah mīnat
Tag und Nacht	दिन-रात (m pl)	din-rāt

19. Monate. Jahreszeiten

Januar (m)	जनवरी (m)	janavarī
Februar (m)	फ़रवरी (m)	faravarī
März (m)	मार्च (m)	mārch
April (m)	अप्रैल (m)	aprail
Mai (m)	माई (m)	maī
Juni (m)	जून (m)	jūn
Juli (m)	जुलाई (m)	julaī
August (m)	अगस्त (m)	agast
September (m)	सितम्बर (m)	sitambar
Oktober (m)	अक्तूबर (m)	aktūbar

| November (m) | नवम्बर (m) | navambar |
| Dezember (m) | दिसम्बर (m) | disambar |

Frühling (m)	वसन्त (m)	vasant
im Frühling	वसन्त में	vasant men
Frühlings-	वसन्त	vasant

Sommer (m)	गरमी (f)	garamī
im Sommer	गरमियों में	garamiyon men
Sommer-	गरमी	garamī

Herbst (m)	शरद (m)	sharad
im Herbst	शरद में	sharad men
Herbst-	शरद	sharad

Winter (m)	सर्दी (f)	sardī
im Winter	सर्दियों में	sardiyon men
Winter-	सर्दी	sardī

Monat (m)	महीना (m)	mahīna
in diesem Monat	इस महीने	is mahīne
nächsten Monat	अगले महीने	agale mahīne
letzten Monat	पिछले महीने	pichhale mahīne
vor einem Monat	एक महीने पहले	ek mahīne pahale
über eine Monat	एक महीने में	ek mahīne men
in zwei Monaten	दो महीने में	do mahīne men
den ganzen Monat	पूरे महीने	pūre mahīne

monatlich (Adj)	मासिक	māsik
monatlich (Adv)	हर महीने	har mahīne
jeden Monat	हर महीने	har mahīne
zweimal pro Monat	महीने में दो बार	mahine men do bār

Jahr (n)	वर्ष (m)	varsh
dieses Jahr	इस साल	is sāl
nächstes Jahr	अगले साल	agale sāl
voriges Jahr	पिछले साल	pichhale sāl

vor einem Jahr	एक साल पहले	ek sāl pahale
in einem Jahr	एक साल में	ek sāl men
in zwei Jahren	दो साल में	do sāl men
das ganze Jahr	पूरा साल	pūra sāl

jedes Jahr	हर साल	har sāl
jährlich (Adj)	वार्षिक	vārshik
jährlich (Adv)	वार्षिक	vārshik
viermal pro Jahr	साल में चार बार	sāl men chār bār

Datum (heutige ~)	तारीख़ (f)	tārīkh
Datum (Geburts-)	तारीख़ (f)	tārīkh
Kalender (m)	कैलेन्डर (m)	kailendar

ein halbes Jahr	आधे वर्ष (m)	ādhe varsh
Halbjahr (n)	छमाही (f)	chhamāhī
Saison (f)	मौसम (m)	mausam
Jahrhundert (n)	शताब्दी (f)	shatābadī

REISEN. HOTEL

20. Ausflug. Reisen

Tourismus (m)	पर्यटन (m)	paryatan
Tourist (m)	पर्यटक (m)	paryatak
Reise (f)	यात्रा (f)	yātra
Abenteuer (n)	जाँबाज़ी (f)	jānbāzī
Fahrt (f)	यात्रा (f)	yātra
Urlaub (m)	छुट्टी (f)	chhuttī
auf Urlaub sein	छुट्टी पर होना	chhuttī par hona
Erholung (f)	आराम (m)	ārām
Zug (m)	रेलगाड़ी, ट्रेन (f)	relagārī, tren
mit dem Zug	रैलगाड़ी से	railagārī se
Flugzeug (n)	विमान (m)	vimān
mit dem Flugzeug	विमान से	vimān se
mit dem Auto	कार से	kār se
mit dem Schiff	जहाज़ पर	jahāz par
Gepäck (n)	सामान (m)	sāmān
Koffer (m)	सूटकेस (m)	sūtakes
Gepäckwagen (m)	सामान के लिये गाड़ी (f)	sāmān ke liye gārī
Pass (m)	पासपोर्ट (m)	pāsaport
Visum (n)	वीज़ा (m)	vīza
Fahrkarte (f)	टिकट (m)	tikat
Flugticket (n)	हवाई टिकट (m)	havaī tikat
Reiseführer (m)	गाइडबुक (f)	gaidabuk
Landkarte (f)	नक्शा (m)	naksha
Gegend (f)	क्षेत्र (m)	kshetr
Ort (wunderbarer ~)	स्थान (m)	sthān
Exotika (pl)	विचित्र वस्तुएं	vichitr vastuen
exotisch	विचित्र	vichitr
erstaunlich (Adj)	अजीब	ajīb
Gruppe (f)	समूह (m)	samūh
Ausflug (m)	पर्यटन (f)	paryatan
Reiseleiter (m)	गाइड (m)	gaid

21. Hotel

Hotel (n)	होटल (f)	hotal
Motel (n)	मोटल (m)	motal
drei Sterne	तीन सितारा	tīn sitāra

fünf Sterne	पाँच सितारा	pānch sitāra
absteigen (vi)	ठहरना	thaharana
Hotelzimmer (n)	कमरा (m)	kamara
Einzelzimmer (n)	एक पलंग का कमरा (m)	ek palang ka kamara
Zweibettzimmer (n)	दो पलंगों का कमरा (m)	do palangon ka kamara
reservieren (vt)	कमरा बुक करना	kamara buk karana
Halbpension (f)	हाफ़-बोर्ड (m)	hāf-bord
Vollpension (f)	फ़ुल-बोर्ड (m)	ful-bord
mit Bad	स्नानघर के साथ	snānaghar ke sāth
mit Dusche	शॉवर के साथ	shovar ke sāth
Satellitenfernsehen (n)	सैटेलाइट टेलीविज़न (m)	saitelait telīvizan
Klimaanlage (f)	एयर-कंडिशनर (m)	eyar-kandishanar
Handtuch (n)	तौलिया (f)	tauliya
Schlüssel (m)	चाबी (f)	chābī
Verwalter (m)	मैनेजर (m)	mainejar
Zimmermädchen (n)	चैम्बरमैड (f)	chaimabaramaid
Träger (m)	कुली (m)	kulī
Portier (m)	दरबान (m)	darabān
Restaurant (n)	रेस्टरॉं (m)	restarān
Bar (f)	बार (m)	bār
Frühstück (n)	नाश्ता (m)	nāshta
Abendessen (n)	रात्रिभोज (m)	rātribhoj
Buffet (n)	बुफ़े (m)	bufe
Foyer (n)	लॉबी (f)	lobī
Aufzug (m), Fahrstuhl (m)	लिफ़्ट (m)	lift
BITTE NICHT STÖREN!	परेशान न करें	pareshān na karen
RAUCHEN VERBOTEN!	धुम्रपान निषेध!	dhumrapān nishedh!

22. Sehenswürdigkeiten

Denkmal (n)	स्मारक (m)	smārak
Festung (f)	किला (m)	kila
Palast (m)	भवन (m)	bhavan
Schloss (n)	महल (m)	mahal
Turm (m)	मीनार (m)	mīnār
Mausoleum (n)	समाधि (f)	samādhi
Architektur (f)	वस्तुशाला (m)	vastushāla
mittelalterlich	मध्ययुगीय	madhayayugīy
alt (antik)	प्राचीन	prāchīn
national	राष्ट्रीय	rāshtrīy
berühmt	मशहूर	mashhūr
Tourist (m)	पर्यटक (m)	paryatak
Fremdenführer (m)	गाइड (m)	gaid
Ausflug (m)	पर्यटन यात्रा (m)	paryatan yātra
zeigen (vt)	दिखाना	dikhāna

erzählen (vt)	बताना	batāna
finden (vt)	ढूँढना	dhūnrhana
sich verlieren	खो जाना	kho jāna
Karte (U-Bahn ~)	नक्शा (m)	naksha
Karte (Stadt-)	नक्शा (m)	naksha
Souvenir (n)	यादगार (m)	yādagār
Souvenirladen (m)	गिफ़्ट शॉप (f)	gift shop
fotografieren (vt)	फोटो खींचना	foto khīnchana
sich fotografieren	अपना फ़ोटो खिंचवाना	apana foto khinchavāna

TRANSPORT

23. Flughafen

Flughafen (m)	हवाई अड्डा (m)	havaī adda
Flugzeug (n)	विमान (m)	vimān
Fluggesellschaft (f)	हवाई कम्पनी (f)	havaī kampanī
Fluglotse (m)	हवाई यातायात नियंत्रक (m)	havaī yātāyāt niyantrak
Abflug (m)	प्रस्थान (m)	prasthān
Ankunft (f)	आगमन (m)	āgaman
anfliegen (vi)	पहुंचना	pahunchana
Abflugzeit (f)	उड़ान का समय (m)	urān ka samay
Ankunftszeit (f)	आगमन का समय (m)	āgaman ka samay
sich verspäten	देर से आना	der se āna
Abflugverspätung (f)	उड़ान देरी (f)	urān derī
Anzeigetafel (f)	सूचना बोर्ड (m)	sūchana bord
Information (f)	सूचना (f)	sūchana
ankündigen (vt)	घोषणा करना	ghoshana karana
Flug (m)	फ़्लाइट (f)	flait
Zollamt (n)	सीमाशुल्क कार्यालय (m)	sīmāshulk kāryālay
Zollbeamter (m)	सीमाशुल्क अधिकारी (m)	sīmāshulk adhikārī
Zolldeklaration (f)	सीमाशुल्क घोषणा (f)	sīmāshulk ghoshana
die Zollerklärung ausfüllen	सीमाशुल्क घोषणा भरना	sīmāshulk ghoshana bharana
Passkontrolle (f)	पासपोर्ट जांच (f)	pāsport jānch
Gepäck (n)	सामान (m)	sāmān
Handgepäck (n)	दस्ती सामान (m)	dastī sāmān
Kofferkuli (m)	सामान के लिये गाड़ी (f)	sāmān ke liye gārī
Landung (f)	विमानारोहण (m)	vimānārohan
Landebahn (f)	विमानारोहण मार्ग (m)	vimānārohan mārg
landen (vi)	उतरना	utarana
Fluggasttreppe (f)	सीढ़ी (f)	sīrhī
Check-in (n)	चेक-इन (m)	chek-in
Check-in-Schalter (m)	चेक-इन डेस्क (m)	chek-in desk
sich registrieren lassen	चेक-इन करना	chek-in karana
Bordkarte (f)	बोर्डिंग पास (m)	bording pās
Abfluggate (n)	प्रस्थान गेट (m)	prasthān get
Transit (m)	पारवहन (m)	pāravahan
warten (vi)	इंतज़ार करना	intazār karana
Wartesaal (m)	प्रतीक्षालय (m)	pratīkshālay
begleiten (vt)	विदा करना	vida karana
sich verabschieden	विदा कहना	vida kahana

24. Flugzeug

Deutsch	Hindi	Transkription
Flugzeug (n)	विमान (m)	vimān
Flugticket (n)	हवाई टिकट (m)	havaī tikat
Fluggesellschaft (f)	हवाई कम्पनी (f)	havaī kampanī
Flughafen (m)	हवाई अड्डा (m)	havaī adda
Überschall-	पराध्वनिक	parādhvanik
Flugkapitän (m)	कप्तान (m)	kaptān
Besatzung (f)	वैमानिक दल (m)	vaimānik dal
Pilot (m)	विमान चालक (m)	vimān chālak
Flugbegleiterin (f)	एयर होस्टस (f)	eyar hostas
Steuermann (m)	नैवीगेटर (m)	naivīgetar
Flügel (pl)	पंख (m pl)	pankh
Schwanz (m)	पूँछ (f)	pūnchh
Kabine (f)	कॉकपिट (m)	kokapit
Motor (m)	इंजन (m)	injan
Fahrgestell (n)	हवाई जहाज़ पहिये (m)	havaī jahāz pahiye
Turbine (f)	टरबाइन (f)	tarabain
Propeller (m)	प्रोपेलर (m)	propelar
Flugschreiber (m)	ब्लैक बॉक्स (m)	blaik boks
Steuerrad (n)	कंट्रोल कॉलम (m)	kantrol kolam
Treibstoff (m)	ईंधन (m)	īndhan
Sicherheitskarte (f)	सुरक्षा-पत्र (m)	suraksha-patr
Sauerstoffmaske (f)	ऑक्सीजन मास्क (m)	oksījan māsk
Uniform (f)	वर्दी (f)	vardī
Rettungsweste (f)	बचाव पेटी (f)	bachāv petī
Fallschirm (m)	पैराशूट (m)	pairāshūt
Abflug, Start (m)	उड़ान (m)	urān
starten (vi)	उड़ना	urana
Startbahn (f)	उड़ान पट्टी (f)	urān pattī
Sicht (f)	दृश्यता (f)	drshyata
Flug (m)	उड़ान (m)	urān
Höhe (f)	ऊंचाई (f)	ūnchaī
Luftloch (n)	वायु-पॉकेट (m)	vāyu-poket
Platz (m)	सीट (f)	sīt
Kopfhörer (m)	हेडफ़ोन (m)	hedafon
Klapptisch (m)	ट्रे टेबल (f)	tre tebal
Bullauge (n)	हवाई जहाज़ की खिड़की (f)	havaī jahāz kī khirakī
Durchgang (m)	गलियारा (m)	galiyāra

25. Zug

Deutsch	Hindi	Transkription
Zug (m)	रेलगाड़ी, ट्रेन (f)	relagārī, tren
elektrischer Zug (m)	लोकल ट्रेन (f)	lokal tren
Schnellzug (m)	तेज़ रेलगाड़ी (f)	tez relagārī
Diesellok (f)	डीज़ल रेलगाड़ी (f)	dīzal relagārī

Dampflok (f)	स्टीम इंजन (f)	stīm injan
Personenwagen (m)	कोच (f)	koch
Speisewagen (m)	डाइनर (f)	dainar
Schienen (pl)	पटरियाँ (f)	patariyān
Eisenbahn (f)	रेलवे (f)	relave
Bahnschwelle (f)	पटरियाँ (f)	patariyān
Bahnsteig (m)	प्लेटफॉर्म (m)	pletaform
Gleis (n)	प्लेटफॉर्म (m)	pletaform
Eisenbahnsignal (n)	सिग्नल (m)	signal
Station (f)	स्टेशन (m)	steshan
Lokomotivführer (m)	इंजन ड्राइवर (m)	injan draivar
Träger (m)	कुली (m)	kulī
Schaffner (m)	कोच एटेंडेंट (m)	koch etendent
Fahrgast (m)	मुसाफिर (m)	musāfir
Fahrkartenkontrolleur (m)	टीटी (m)	tītī
Flur (m)	गलियारा (m)	galiyāra
Notbremse (f)	आपात ब्रेक (m)	āpāt brek
Abteil (n)	डिब्बा (m)	dibba
Liegeplatz (m), Schlafkoje (f)	बर्थ (f)	barth
oberer Liegeplatz (m)	ऊपरी बर्थ (f)	ūparī barth
unterer Liegeplatz (m)	निचली बर्थ (f)	nīchalī barth
Bettwäsche (f)	बिस्तर (m)	bistar
Fahrkarte (f)	टिकट (m)	tikat
Fahrplan (m)	टाइम टैबुल (m)	taim taibul
Anzeigetafel (f)	सूचना बोर्ड (m)	sūchana bord
abfahren (der Zug)	चले जाना	chale jāna
Abfahrt (f)	रवानगी (f)	ravānagī
ankommen (der Zug)	पहुंचना	pahunchana
Ankunft (f)	आगमन (m)	āgaman
mit dem Zug kommen	गाड़ी से पहुंचना	gārī se pahunchana
in den Zug einsteigen	गाड़ी पकड़ना	gādī pakarana
aus dem Zug aussteigen	गाड़ी से उतरना	gārī se utarana
Zugunglück (n)	दुर्घटनाग्रस्त (f)	durghatanāgrast
Dampflok (f)	स्टीम इंजन (m)	stīm injan
Heizer (m)	अग्निशामक (m)	agnishāmak
Feuerbüchse (f)	भट्ठी (f)	bhatthī
Kohle (f)	कोयला (m)	koyala

26. Schiff

Schiff (n)	जहाज़ (m)	jahāz
Fahrzeug (n)	जहाज़ (m)	jahāz
Dampfer (m)	जहाज़ (m)	jahāz
Motorschiff (n)	मोटर बोट (m)	motar bot

| Kreuzfahrtschiff (n) | लाइनर (m) | lainar |
| Kreuzer (m) | क्रूज़र (m) | krūzar |

Jacht (f)	याख्ट (m)	yākht
Schlepper (m)	कर्षक पोत (m)	karshak pot
Lastkahn (m)	बार्ज (f)	bārj
Fähre (f)	फेरी बोट (f)	ferī bot

| Segelschiff (n) | पाल नाव (f) | pāl nāv |
| Brigantine (f) | बादबानी (f) | bādabānī |

| Eisbrecher (m) | हिमभंजक पोत (m) | himabhanjak pot |
| U-Boot (n) | पनडुब्बी (f) | panadubbī |

Boot (n)	नाव (m)	nāv
Dingi (n), Beiboot (n)	किश्ती (f)	kishtī
Rettungsboot (n)	जीवन रक्षा किश्ती (f)	jīvan raksha kishtī
Motorboot (n)	मोटर बोट (m)	motar bot

Kapitän (m)	कसान (m)	kaptān
Matrose (m)	मल्लाह (m)	mallāh
Seemann (m)	मल्लाह (m)	mallāh
Besatzung (f)	वैमानिक दल (m)	vaimānik dal

Bootsmann (m)	बोसुन (m)	bosun
Schiffsjunge (m)	बोसुन (m)	bosun
Schiffskoch (m)	रसोइया (m)	rasoiya
Schiffsarzt (m)	पोत डाक्टर (m)	pot dāktar

Deck (n)	डेक (m)	dek
Mast (m)	मस्तूल (m)	mastūl
Segel (n)	पाल (m)	pāl

Schiffsraum (m)	कार्गी (m)	kārgo
Bug (m)	जहाज़ का अगड़ा हिस्सा (m)	jahāz ka agara hissa
Heck (n)	जहाज़ का पिछला हिस्सा (m)	jahāz ka pichhala hissa
Ruder (n)	चप्पू (m)	chappū
Schraube (f)	जहाज़ की पंखी चलाने का पेंच (m)	jahāz kī pankhī chalāne ka pench

Kajüte (f)	कैबिन (m)	kaibin
Messe (f)	मेस (f)	mes
Maschinenraum (m)	मशीन-कमरा (m)	mashīn-kamara
Kommandobrücke (f)	ब्रिज (m)	brij
Funkraum (m)	रेडियो केबिन (m)	rediyo kebin
Radiowelle (f)	रेडियो तरंग (f)	rediyo tarang
Schiffstagebuch (n)	जहाज़ी रजिस्टर (m)	jahāzī rajistar

Fernrohr (n)	टेलिस्कोप (m)	teliskop
Glocke (f)	घंटा (m)	ghanta
Fahne (f)	झंडा (m)	jhanda

Seil (n)	रस्सा (m)	rassa
Knoten (m)	जहाज़ी गांठ (f)	jahāzī gānth
Geländer (n)	रेलिंग (f)	reling
Treppe (f)	सीढ़ी (f)	sīrhī

Anker (m)	लंगर (m)	langar
den Anker lichten	लंगर उठाना	langar uthāna
Anker werfen	लंगर डालना	langar dālana
Ankerkette (f)	लंगर की ज़जीर (f)	langar kī zajīr
Hafen (m)	बंदरगाह (m)	bandaragāh
Anlegestelle (f)	घाट (m)	ghāt
anlegen (vi)	किनारे लगना	kināre lagana
abstoßen (vt)	रवाना होना	ravāna hona
Reise (f)	यात्रा (f)	yātra
Kreuzfahrt (f)	जलयात्रा (f)	jalayātra
Kurs (m), Richtung (f)	दिशा (f)	disha
Reiseroute (f)	मार्ग (m)	mārg
Fahrwasser (n)	नाव्य जलपथ (m)	nāvy jalapath
Untiefe (f)	छिछला पानी (m)	chhichhala pānī
stranden (vi)	छिछले पानी में धसना	chhichhale pānī men dhansana
Sturm (m)	तूफ़ान (m)	tufān
Signal (n)	सिग्नल (m)	signal
untergehen (vi)	डूबना	dūbana
SOS	एसओएस	esoes
Rettungsring (m)	लाइफ़ ब्वाय (m)	laif bvāy

STADT

27. Innerstädtischer Transport

Bus (m)	बस (f)	bas
Straßenbahn (f)	ट्रैम (m)	traim
Obus (m)	ट्रॉलीबस (f)	trolības
Linie (f)	मार्ग (m)	mārg
Nummer (f)	नम्बर (m)	nambar
mit ... fahren	के माध्यम से जाना	ke mādhyam se jāna
einsteigen (vi)	सवार होना	savār hona
aussteigen (aus dem Bus)	उतरना	utarana
Haltestelle (f)	बस स्टॉप (m)	bas stop
nächste Haltestelle (f)	अगला स्टॉप (m)	agala stop
Endhaltestelle (f)	अंतिम स्टेशन (m)	antim steshan
Fahrplan (m)	समय सारणी (f)	samay sāranī
warten (vi, vt)	इंतज़ार करना	intazār karana
Fahrkarte (f)	टिकट (m)	tikat
Fahrpreis (m)	टिकट का किराया (m)	tikat ka kirāya
Kassierer (m)	कैशियर (m)	kaishiyar
Fahrkartenkontrolle (f)	टिकट जाँच (f)	tikat jānch
Fahrkartenkontrolleur (m)	कंडक्टर (m)	kandaktar
sich verspäten	देर हो जाना	der ho jāna
versäumen (Zug usw.)	छूट जाना	chhūt jāna
sich beeilen	जल्दी में रहना	jaldī men rahana
Taxi (n)	टैक्सी (m)	taiksī
Taxifahrer (m)	टैक्सीवाला (m)	taiksīvāla
mit dem Taxi	टैक्सी से (m)	taiksī se
Taxistand (m)	टैक्सी स्टैंड (m)	taiksī staind
ein Taxi rufen	टैक्सी बुलाना	taiksī bulāna
ein Taxi nehmen	टैक्सी लेना	taiksī lena
Straßenverkehr (m)	यातायात (f)	yātāyāt
Stau (m)	ट्रैफ़िक जाम (m)	traifik jām
Hauptverkehrszeit (f)	भीड़ का समय (m)	bhīr ka samay
parken (vi)	पार्क करना	pārk karana
parken (vt)	पार्क करना	pārk karana
Parkplatz (m)	पार्किंग (f)	pārking
U-Bahn (f)	मेट्रो (m)	metro
Station (f)	स्टेशन (m)	steshan
mit der U-Bahn fahren	मेट्रो लेना	metro lena
Zug (m)	रेलगाड़ी, ट्रेन (f)	relagārī, tren
Bahnhof (m)	स्टेशन (m)	steshan

28. Stadt. Leben in der Stadt

Stadt (f)	नगर (m)	nagar
Hauptstadt (f)	राजधानी (f)	rājadhānī
Dorf (n)	गाँव (m)	gãnv
Stadtplan (m)	नगर का नक्शा (m)	nagar ka naksha
Stadtzentrum (n)	नगर का केन्द्र (m)	nagar ka kendr
Vorort (m)	उपनगर (m)	upanagar
Vorort-	उपनगरिक	upanagarik
Stadtrand (m)	बाहरी इलाका (m)	bāharī ilāka
Umgebung (f)	इर्दगिर्द के इलाके (m pl)	irdagird ke ilāke
Stadtviertel (n)	सेक्टर (m)	sektar
Wohnblock (m)	मुहल्ला (m)	muhalla
Straßenverkehr (m)	यातायात (f)	yātāyāt
Ampel (f)	यातायात सिग्नल (m)	yātāyāt signal
Stadtverkehr (m)	जन परिवहन (m)	jan parivahan
Straßenkreuzung (f)	चौराहा (m)	chaurāha
Übergang (m)	ज़ेबरा क्रॉसिंग (f)	zebara krosing
Fußgängerunterführung (f)	पैदल यात्रियों के लिए अंडरपास (f)	paidal yātriyon ke lie andarapās
überqueren (vt)	सड़क पार करना	sarak pār karana
Fußgänger (m)	पैदल-यात्री (m)	paidal-yātrī
Gehweg (m)	फुटपाथ (m)	futapāth
Brücke (f)	पुल (m)	pul
Kai (m)	तट (m)	tat
Springbrunnen (m)	फौवारा (m)	fauvāra
Allee (f)	छायापथ (f)	chhāyāpath
Park (m)	पार्क (m)	pārk
Boulevard (m)	चौड़ी सड़क (m)	chaurī sarak
Platz (m)	मैदान (m)	maidān
Avenue (f)	मार्ग (m)	mārg
Straße (f)	सड़क (f)	sarak
Gasse (f)	गली (f)	galī
Sackgasse (f)	बंद गली (f)	band galī
Haus (n)	मकान (m)	makān
Gebäude (n)	इमारत (f)	imārat
Wolkenkratzer (m)	गगनचुंबी भवन (f)	gaganachumbī bhavan
Fassade (f)	अगवाड़ा (m)	agavāra
Dach (n)	छत (f)	chhat
Fenster (n)	खिड़की (f)	khirakī
Bogen (m)	मेहराब (m)	meharāb
Säule (f)	स्तंभ (m)	stambh
Ecke (f)	कोना (m)	kona
Schaufenster (n)	दुकान का शो-केस (m)	dukān ka sho-kes
Firmenschild (n)	साईनबोर्ड (m)	saīnabord
Anschlag (m)	पोस्टर (m)	postar

| Werbeposter (m) | विज्ञापन पोस्टर (m) | vigyāpan postar |
| Werbeschild (n) | बिलबोर्ड (m) | bilabord |

Müll (m)	कूड़ा (m)	kūra
Mülleimer (m)	कूड़े का डिब्बा (m)	kūre ka dibba
Abfall wegwerfen	कूड़ा-कर्कट डालना	kūra-karkat dālana
Mülldeponie (f)	डम्पिंग ग्राउंड (m)	damping graund

Telefonzelle (f)	फ़ोन बूथ (m)	fon būth
Straßenlaterne (f)	बिजली का खंभा (m)	bijalī ka khambha
Bank (Park-)	पार्क-बेंच (f)	pārk-bench

Polizist (m)	पुलिसवाला (m)	pulisavāla
Polizei (f)	पुलिस (m)	pulis
Bettler (m)	भिखारी (m)	bhikhārī
Obdachlose (m)	बेघर (m)	beghar

29. Innerstädtische Einrichtungen

Laden (m)	दुकान (f)	dukān
Apotheke (f)	दवाख़ाना (m)	davākhāna
Optik (f)	चश्मे की दुकान (f)	chashme kī dukān
Einkaufszentrum (n)	शॉपिंग मॉल (m)	shoping mol
Supermarkt (m)	सुपर बाज़ार (m)	supar bāzār

Bäckerei (f)	बेकरी (f)	bekarī
Bäcker (m)	बेकर (m)	bekar
Konditorei (f)	टॉफ़ी की दुकान (f)	tofī kī dukān
Lebensmittelladen (m)	परचून की दुकान (f)	parachūn kī dukān
Metzgerei (f)	गोश्त की दुकान (f)	gosht kī dukān

| Gemüseladen (m) | सब्ज़ियों की दुकान (f) | sabziyon kī dukān |
| Markt (m) | बाज़ार (m) | bāzār |

Kaffeehaus (n)	काफ़ी हाउस (m)	kāfī haus
Restaurant (n)	रेस्टराँ (m)	restarān
Bierstube (f)	शराबख़ाना (m)	sharābakhāna
Pizzeria (f)	पिट्ज़ा की दुकान (f)	pitza kī dukān

Friseursalon (m)	नाई की दुकान (f)	naī kī dukān
Post (f)	डाकघर (m)	dākaghar
chemische Reinigung (f)	ड्राइक्लीनर (m)	draiklīnar
Fotostudio (n)	फ़ोटो की दुकान (f)	foto kī dukān

Schuhgeschäft (n)	जूते की दुकान (f)	jūte kī dukān
Buchhandlung (f)	किताबों की दुकान (f)	kitābon kī dukān
Sportgeschäft (n)	खेलकूद की दुकान (f)	khelakūd kī dukān

| Kleiderreparatur (f) | कपड़ों की मरम्मत की दुकान (f) | kaparon kī marammat kī dukān |
| Bekleidungsverleih (m) | कपड़ों को किराए पर देने की दुकान (f) | kaparon ko kirae par dene kī dukān |

| Videothek (f) | वीडियो रेन्टल दुकान (f) | vīdiyo rental dukān |
| Zirkus (m) | सर्कस (m) | sarkas |

Zoo (m)	चिड़ियाघर (m)	chiriyāghar
Kino (n)	सिनेमाघर (m)	sinemāghar
Museum (n)	संग्रहालय (m)	sangrahālay
Bibliothek (f)	पुस्तकालय (m)	pustakālay

Theater (n)	रंगमंच (m)	rangamanch
Opernhaus (n)	ओपेरा (m)	opera
Nachtklub (m)	नाईट क्लब (m)	naīt klab
Kasino (n)	केसिनो (m)	kesino

Moschee (f)	मस्जिद (m)	masjid
Synagoge (f)	सीनागोग (m)	sīnāgog
Kathedrale (f)	गिरजाघर (m)	girajāghar
Tempel (m)	मंदिर (m)	mandir
Kirche (f)	गिरजाघर (m)	girajāghar

Institut (n)	कॉलेज (m)	kolej
Universität (f)	विश्वविद्यालय (m)	vishvavidyālay
Schule (f)	विद्यालय (m)	vidyālay

Präfektur (f)	प्रशासक प्रान्त (m)	prashāsak prānt
Rathaus (n)	सिटी हॉल (m)	siṭī hol
Hotel (n)	होटल (f)	hotal
Bank (f)	बैंक (m)	baink

Botschaft (f)	दूतावस (m)	dūtāvas
Reisebüro (n)	पर्यटन आफ़िस (m)	paryatan āfis
Informationsbüro (n)	पूछताछ कार्यालय (m)	pūchhatāchh kāryālay
Wechselstube (f)	मुद्रालय (m)	mudrālay

| U-Bahn (f) | मेट्रो (m) | metro |
| Krankenhaus (n) | अस्पताल (m) | aspatāl |

| Tankstelle (f) | पेट्रोल पम्प (f) | petrol pamp |
| Parkplatz (m) | पार्किंग (f) | pārking |

30. Schilder

Firmenschild (n)	साईनबोर्ड (m)	saīnabord
Aufschrift (f)	दुकान का साईन (m)	dukān ka saīn
Plakat (n)	पोस्टर (m)	postar
Wegweiser (m)	दिशा संकेतक (m)	disha sanketak
Pfeil (m)	तीर दिशा संकेतक (m)	tīr disha sanketak

Vorsicht (f)	चेतावनी (f)	chetāvanī
Warnung (f)	चेतावनी संकेतक (m)	chetāvanī sanketak
warnen (vt)	चेतावनी देना	chetāvanī dena

freier Tag (m)	छुट्टी का दिन (m)	chhuttī ka din
Fahrplan (m)	समय सारणी (f)	samay sāranī
Öffnungszeiten (pl)	खुलने का समय (m)	khulane ka samay

| HERZLICH WILLKOMMEN! | आपका स्वागत है! | āpaka svāgat hai! |
| EINGANG | प्रवेश | pravesh |

AUSGANG	निकास	nikās
DRÜCKEN	धक्का दें	dhakka den
ZIEHEN	खींचे	khīnche
GEÖFFNET	खुला	khula
GESCHLOSSEN	बंद	band

| DAMEN, FRAUEN | औरतों के लिये | auraton ke liye |
| HERREN, MÄNNER | आदमियों के लिये | ādamiyon ke liye |

AUSVERKAUF	डिस्काउन्ट	diskaunt
REDUZIERT	सेल	sel
NEU!	नया!	naya!
GRATIS	मुफ्त	muft

ACHTUNG!	ध्यान दें।	dhyān den!
ZIMMER BELEGT	कोई जगह खाली नहीं है	koī jagah khālī nahin hai
RESERVIERT	रिज़र्वड	rizarvad

| VERWALTUNG | प्रशासन | prashāsan |
| NUR FÜR PERSONAL | केवल कर्मचारियों के लिए | keval karmachāriyon ke lie |

VORSICHT BISSIGER HUND	कुत्ते से सावधान!	kutte se sāvadhān!
RAUCHEN VERBOTEN!	धुम्रपान निषेध!	dhumrapān nishedh!
BITTE NICHT BERÜHREN	छूना मना!	chhūna mana!

GEFÄHRLICH	खतरा	khatara
VORSICHT!	खतरा	khatara
HOCHSPANNUNG	उच्च वोल्टेज	uchch voltej
BADEN VERBOTEN	तैरना मना!	tairana mana!
AUßER BETRIEB	ख़राब	kharāb

LEICHTENTZÜNDLICH	ज्वलनशील	jvalanashīl
VERBOTEN	निषिद्ध	nishiddh
DURCHGANG VERBOTEN	प्रवेश निषेध!	pravesh nishedh!
FRISCH GESTRICHEN	गीला पेंट	gīla pent

31. Shopping

kaufen (vt)	खरीदना	kharīdana
Einkauf (m)	खरीदारी (f)	kharīdārī
einkaufen gehen	खरीदारी करने जाना	kharīdārī karane jāna
Einkaufen (n)	खरीदारी (f)	kharīdārī

| offen sein (Laden) | खुला होना | khula hona |
| zu sein | बन्द होना | band hona |

Schuhe (pl)	जूता (m)	jūta
Kleidung (f)	पोशाक (m)	poshāk
Kosmetik (f)	श्रृंगार-सामग्री (f)	shrrngār-sāmagrī
Lebensmittel (pl)	खाने-पीने की चीज़ें (f pl)	khāne-pīne kī chīzen
Geschenk (n)	उपहार (m)	upahār
Verkäufer (m)	बेचनेवाला (m)	bechanevāla
Verkäuferin (f)	बेचनेवाली (f)	bechanevālī

Kasse (f)	कैश-काउन्टर (m)	kaish-kauntar
Spiegel (m)	आईना (m)	āīna
Ladentisch (m)	काउन्टर (m)	kauntar
Umkleidekabine (f)	ट्राई करने का कमरा (m)	traī karane ka kamara

anprobieren (vt)	ट्राई करना	traī karana
passen (Schuhe, Kleid)	फिटिंग करना	fiting karana
gefallen (vi)	पसंद करना	pasand karana

Preis (m)	दाम (m)	dām
Preisschild (n)	प्राइस टैग (m)	prais taig
kosten (vt)	दाम होना	dām hona
Wie viel?	कितना?	kitana?
Rabatt (m)	डिस्काउन्ट (m)	diskaunt

preiswert	सस्ता	sasta
billig	सस्ता	sasta
teuer	महंगा	mahanga
Das ist teuer	यह महंगा है	yah mahanga hai

Verleih (m)	रेन्टल (m)	rental
leihen, mieten (ein Auto usw.)	किराए पर लेना	kirae par lena
Kredit (m), Darlehen (n)	क्रेडिट (m)	kredit
auf Kredit	क्रेडिट पर	kredit par

KLEIDUNG & ACCESSOIRES

32. Oberbekleidung. Mäntel

Kleidung (f)	कपड़े (m)	kapare
Oberkleidung (f)	बाहरी पोशाक (m)	bāharī poshāk
Winterkleidung (f)	सर्दियों की पोशक (f)	sardiyon kī poshak
Mantel (m)	ओवरकोट (m)	ovarakot
Pelzmantel (m)	फरकोट (m)	farakot
Pelzjacke (f)	फ़र की जैकेट (f)	far kī jaiket
Daunenjacke (f)	फ़ेदर कोट (m)	fedar kot
Jacke (z.B. Lederjacke)	जैकेट (f)	jaiket
Regenmantel (m)	बरसाती (f)	barasātī
wasserdicht	जलरोधक	jalarodhak

33. Herren- & Damenbekleidung

Hemd (n)	कमीज़ (f)	kamīz
Hose (f)	पैंट (m)	paint
Jeans (pl)	जीन्स (m)	jīns
Jackett (n)	कोट (m)	kot
Anzug (m)	सूट (m)	sūt
Damenkleid (n)	फ्रॉक (f)	frok
Rock (m)	स्कर्ट (f)	skart
Bluse (f)	ब्लाउज़ (f)	blauz
Strickjacke (f)	कार्डिगन (f)	kārdigan
Jacke (Damen Kostüm)	जैकेट (f)	jaiket
T-Shirt (n)	टी-शर्ट (f)	tī-shart
Shorts (pl)	शोर्ट्स (m pl)	shorts
Sportanzug (m)	ट्रैक सूट (m)	traik sūt
Bademantel (m)	बाथ रोब (m)	bāth rob
Schlafanzug (m)	पजामा (m)	pajāma
Sweater (m)	सूटर (m)	sūtar
Pullover (m)	पुलोवर (m)	pulovar
Weste (f)	बण्डी (m)	bandī
Frack (m)	टेल-कोट (m)	tel-kot
Smoking (m)	डिनर-जैकेट (f)	dinar-jaiket
Uniform (f)	वर्दी (f)	vardī
Arbeitskleidung (f)	वर्दी (f)	vardī
Overall (m)	ओवरऑल्स (m)	ovarols
Kittel (z.B. Arztkittel)	कोट (m)	kot

34. Kleidung. Unterwäsche

Unterwäsche (f)	अंगवस्त्र (m)	angavastr
Unterhemd (n)	बनियान (f)	baniyān
Socken (pl)	मोज़े (m pl)	moze
Nachthemd (n)	नाइट गाउन (m)	nait gaun
Büstenhalter (m)	ब्रा (f)	bra
Kniestrümpfe (pl)	घुटनों तक के मोज़े (m)	ghutanon tak ke moze
Strumpfhose (f)	टाइट्स (m pl)	taits
Strümpfe (pl)	स्टॉकिंग (m pl)	stāking
Badeanzug (m)	स्विम सूट (m)	svim sūt

35. Kopfbekleidung

Mütze (f)	टोपी (f)	topī
Filzhut (m)	हैट (f)	hait
Baseballkappe (f)	बैस्बॉल कैप (f)	baisbol kaip
Schiebermütze (f)	फ़्लैट कैप (f)	flait kaip
Baskenmütze (f)	बेरेट (m)	beret
Kapuze (f)	हुड (m)	hūd
Panamahut (m)	पनामा हैट (m)	panāma hait
Strickmütze (f)	बुनी हुई टोपी (f)	bunī huī topī
Kopftuch (n)	सिर का स्कार्फ़ (m)	sir ka skārf
Damenhut (m)	महिलाओं की टोपी (f)	mahilaon kī topī
Schutzhelm (m)	हेलमेट (f)	helamet
Feldmütze (f)	पुलिसीया टोपी (f)	pulisīya topī
Helm (z.B. Motorradhelm)	हेलमेट (f)	helamet
Melone (f)	बॉलर हैट (m)	bolar hait
Zylinder (m)	टॉप हैट (m)	top hait

36. Schuhwerk

Schuhe (pl)	पनही (f)	panahī
Stiefeletten (pl)	जूते (m pl)	jūte
Halbschuhe (pl)	जूते (m pl)	jūte
Stiefel (pl)	बूट (m pl)	būt
Hausschuhe (pl)	चप्पल (f pl)	chappal
Tennisschuhe (pl)	टेनिस के जूते (m)	tenis ke jūte
Leinenschuhe (pl)	स्नीकर्स (m)	snīkars
Sandalen (pl)	सैन्डल (f)	saindal
Schuster (m)	मोची (m)	mochī
Absatz (m)	एड़ी (f)	erī
Paar (n)	जोड़ा (m)	jora
Schnürsenkel (m)	जूते का फ़ीता (m)	jūte ka fīta

schnüren (vt)	फ़ीता बाँधना	fita bāndhana
Schuhlöffel (m)	शू-होर्न (m)	shū-horn
Schuhcreme (f)	बूट-पालिश (m)	būt-pālish

37. Persönliche Accessoires

Handschuhe (pl)	दस्ताने (m pl)	dastāne
Fausthandschuhe (pl)	दस्ताने (m pl)	dastāne
Schal (Kaschmir-)	मफ़लर (m)	mafalar

Brille (f)	ऐनक (m pl)	ainak
Brillengestell (n)	चश्मे का फ्रेम (m)	chashme ka frem
Regenschirm (m)	छतरी (f)	chhatarī
Spazierstock (m)	छड़ी (f)	chharī
Haarbürste (f)	ब्रश (m)	brash
Fächer (m)	पंखा (m)	pankha

Krawatte (f)	टाई (f)	taī
Fliege (f)	बो टाई (f)	bo taī
Hosenträger (pl)	पतलून बाँधने का फ़ीता (m)	patalūn bāndhane ka fita
Taschentuch (n)	रूमाल (m)	rūmāl

Kamm (m)	कंघा (m)	kangha
Haarspange (f)	बालपिन (f)	bālapin
Haarnadel (f)	हेयरक्लीप (f)	heyaraklīp
Schnalle (f)	बकसुआ (m)	bakasua

| Gürtel (m) | बेल्ट (m) | belt |
| Umhängegurt (m) | कंधे का पट्टा (m) | kandhe ka patta |

Tasche (f)	बैग (m)	baig
Handtasche (f)	पर्स (m)	pars
Rucksack (m)	बैकपैक (m)	baikapaik

38. Kleidung. Verschiedenes

Mode (f)	फ़ैशन (m)	faishan
modisch	प्रचलन में	prachalan men
Modedesigner (m)	फ़ैशन डिज़ाइनर (m)	faishan dizainar

Kragen (m)	कॉलर (m)	kolar
Tasche (f)	जेब (m)	jeb
Taschen-	जेब	jeb
Ärmel (m)	आस्तीन (f)	āstīn
Aufhänger (m)	हैंगिंग लूप (f)	hainging lūp
Hosenschlitz (m)	ज़िप (f)	zip

Reißverschluss (m)	ज़िप (f)	zip
Verschluss (m)	हुक (m)	huk
Knopf (m)	बटन (m)	batan
Knopfloch (n)	बटन का काज (m)	batan ka kāj
abgehen (Knopf usw.)	निकल जाना	nikal jāna

nähen (vi, vt)	सीना	sīna
sticken (vt)	काढ़ना	kārhana
Stickerei (f)	कढ़ाई (f)	karhaī
Nadel (f)	सूई (f)	sūī
Faden (m)	धागा (m)	dhāga
Naht (f)	सीवन (m)	sīvan
sich beschmutzen	मैला होना	maila hona
Fleck (m)	धब्बा (m)	dhabba
sich knittern	शिकन पड़ जाना	shikan par jāna
zerreißen (vt)	फट जाना	fat jāna
Motte (f)	कपड़ों के कीड़े (m)	kaparon ke kīre

39. Kosmetikartikel. Kosmetik

Zahnpasta (f)	टूथपेस्ट (m)	tūthapest
Zahnbürste (f)	टूथब्रश (m)	tūthabrash
Zähne putzen	दाँत साफ़ करना	dānt sāf karana
Rasierer (m)	रेज़र (f)	rezar
Rasiercreme (f)	हजामत का क्रीम (m)	hajāmat ka krīm
sich rasieren	शेव करना	shev karana
Seife (f)	साबुन (m)	sābun
Shampoo (n)	शैम्पू (m)	shaimpū
Schere (f)	कैंची (f pl)	kainchī
Nagelfeile (f)	नाख़ून घिसनी (f)	nākhūn ghisanī
Nagelzange (f)	नाख़ून कतरनी (f)	nākhūn kataranī
Pinzette (f)	ट्वीज़र्स (f)	tvīzars
Kosmetik (f)	श्रृंगार-सामग्री (f)	shrrngār-sāmagrī
Gesichtsmaske (f)	चेहरे का लेप (m)	chehare ka lep
Maniküre (f)	मैनीक्योर (m)	mainīkyor
Maniküre machen	मैनीक्योर करवाना	mainīkyor karavāna
Pediküre (f)	पेडिक्यूर (m)	pedikyūr
Kosmetiktasche (f)	श्रृंगार थैली (f)	shrrngār thailī
Puder (m)	पाउडर (m)	paudar
Puderdose (f)	कॉम्पैक्ट पाउडर (m)	kompaikt paudar
Rouge (n)	ब्लशर (m)	blashar
Parfüm (n)	ख़ुशबू (f)	khushabū
Duftwasser (n)	टॉयलेट वॉटर (m)	tāyalet votar
Lotion (f)	लोशन (m)	loshan
Kölnischwasser (n)	कोलोन (m)	kolon
Lidschatten (m)	आई-शैडो (m)	āī-shaido
Kajalstift (m)	आई-पेंसिल (f)	āī-pensil
Wimperntusche (f)	मस्कारा (m)	maskāra
Lippenstift (m)	लिपस्टिक (m)	lipastik
Nagellack (m)	नेल पॉलिश (f)	nel polish
Haarlack (m)	हेयर स्प्रे (f)	heyar spre

Deodorant (n)	डिओडरेन्ट (m)	diodarent
Creme (f)	क्रीम (m)	krīm
Gesichtscreme (f)	चेहरे की क्रीम (f)	chehare kī krīm
Handcreme (f)	हाथ की क्रीम (f)	hāth kī krīm
Anti-Falten-Creme (f)	एंटी रिंकल क्रीम (f)	entī rinkal krīm
Tages-	दिन का	din ka
Nacht-	रात का	rāt ka
Tampon (m)	टैम्पन (m)	taimpan
Toilettenpapier (n)	टॉयलेट पेपर (m)	toyalet pepar
Föhn (m)	हेयर ड्रायर (m)	heyar drāyar

40. Armbanduhren Uhren

Armbanduhr (f)	घड़ी (f pl)	gharī
Zifferblatt (n)	डायल (m)	dāyal
Zeiger (m)	सुई (f)	suī
Metallarmband (n)	धातु से बनी घड़ी का पट्टा (m)	dhātu se banī gharī ka patta
Uhrenarmband (n)	घड़ी का पट्टा (m)	gharī ka patta
Batterie (f)	बैटेरी (f)	baiterī
verbraucht sein	ख़त्म हो जाना	khatm ho jāna
die Batterie wechseln	बैटेरी बदलना	baiterī badalana
vorgehen (vi)	तेज़ चलना	tez chalana
nachgehen (vi)	धीमी चलना	dhīmī chalana
Wanduhr (f)	दीवार-घड़ी (f pl)	dīvār-gharī
Sanduhr (f)	रेत-घड़ी (f pl)	ret-gharī
Sonnenuhr (f)	सूरज-घड़ी (f pl)	sūraj-gharī
Wecker (m)	अलार्म घड़ी (f)	alārm gharī
Uhrmacher (m)	घड़ीसाज़ (m)	gharīsāz
reparieren (vt)	मरम्मत करना	marammat karana

ALLTAGSERFAHRUNG

41. Geld

Geld (n)	पैसा (m pl)	paisa
Austausch (m)	मुद्रा विनिमय (m)	mudra vinimay
Kurs (m)	विनिमय दर (m)	vinimay dar
Geldautomat (m)	एटीएम (m)	etīem
Münze (f)	सिक्का (m)	sikka
Dollar (m)	डॉलर (m)	dolar
Euro (m)	यूरो (m)	yūro
Lira (f)	लीरा (f)	līra
Mark (f)	डचमार्क (m)	dachamārk
Franken (m)	फ़्रांक (m)	fränk
Pfund Sterling (n)	पाउन्ड स्टरलिंग (m)	paund staraling
Yen (m)	येन (m)	yen
Schulden (pl)	कर्ज़ (m)	karz
Schuldner (m)	क़र्ज़दार (m)	qarzadār
leihen (vt)	कर्ज़ देना	karz dena
leihen, borgen (Geld usw.)	कर्ज़ लेना	karz lena
Bank (f)	बैंक (m)	baink
Konto (n)	बैंक खाता (m)	baink khāta
auf ein Konto einzahlen	बैंक खाते में जमा करना	baink khāte men jama karana
abheben (vt)	खाते से पैसे निकालना	khāte se paise nikālana
Kreditkarte (f)	क्रेडिट कार्ड (m)	kredit kārd
Bargeld (n)	कैश (m pl)	kaish
Scheck (m)	चेक (m)	chek
einen Scheck schreiben	चेक लिखना	chek likhana
Scheckbuch (n)	चेकबुक (f)	chekabuk
Geldtasche (f)	बटुआ (m)	batua
Geldbeutel (m)	बटुआ (m)	batua
Safe (m)	लॉकर (m)	lokar
Erbe (m)	उत्तराधिकारी (m)	uttarādhikārī
Erbschaft (f)	उत्तराधिकार (m)	uttarādhikār
Vermögen (n)	संपत्ति (f)	sampatti
Pacht (f)	किराये पर देना (m)	kirāye par dena
Miete (f)	किराया (m)	kirāya
mieten (vt)	किराए पर लेना	kirae par lena
Preis (m)	दाम (m)	dām
Kosten (pl)	कीमत (f)	kīmat
Summe (f)	रक़म (m)	raqam

ausgeben (vt)	खर्च करना	kharch karana
Ausgaben (pl)	खर्च (m pl)	kharch
sparen (vt)	बचत करना	bachat karana
sparsam	किफ़ायती	kifāyatī

zahlen (vt)	दाम चुकाना	dām chukāna
Lohn (m)	भुगतान (m)	bhugatān
Wechselgeld (n)	चिल्लर (m)	chillar

Steuer (f)	टैक्स (m)	taiks
Geldstrafe (f)	जुर्माना (m)	jurmāna
bestrafen (vt)	जुर्माना लगाना	jurmāna lagāna

42. Post. Postdienst

Post (Postamt)	डाकघर (m)	dākaghar
Post (Postsendungen)	डाक (m)	dāk
Briefträger (m)	डाकिया (m)	dākiya
Öffnungszeiten (pl)	खुलने का समय (m)	khulane ka samay

Brief (m)	पत्र (m)	patr
Einschreibebrief (m)	रजिस्टरी पत्र (m)	rajistarī patr
Postkarte (f)	पोस्ट कार्ड (m)	post kārd
Telegramm (n)	तार (m)	tār
Postpaket (n)	पार्सल (f)	pārsal
Geldanweisung (f)	मनी ट्रांसफर (m)	manī trānsafar

bekommen (vt)	पाना	pāna
abschicken (vt)	भेजना	bhejana
Absendung (f)	भेज (m)	bhej

Postanschrift (f)	पता (m)	pata
Postleitzahl (f)	पिन कोड (m)	pin kod
Absender (m)	भेजनेवाला (m)	bhejanevāla
Empfänger (m)	पानेवाला (m)	pānevāla
Vorname (m)	पहला नाम (m)	pahala nām
Nachname (m)	उपनाम (m)	upanām

Tarif (m)	डाक दर (m)	dāk dar
Standard- (Tarif)	मानक	mānak
Spar- (-tarif)	किफ़ायती	kifāyatī

Gewicht (n)	वज़न (m)	vazan
abwiegen (vt)	तोलना	tolana
Briefumschlag (m)	लिफ़ाफ़ा (m)	lifāfa
Briefmarke (f)	डाक टिकट (m)	dāk tikat
Briefmarke aufkleben	डाक टिकट लगाना	dāk tikat lagāna

43. Bankgeschäft

Bank (f)	बैंक (m)	baink
Filiale (f)	शाखा (f)	shākha

Berater (m)	क्लर्क (m)	klark
Leiter (m)	मैनेजर (m)	mainejar
Konto (n)	बैंक खाता (m)	baink khāta
Kontonummer (f)	खाते का नम्बर (m)	khāte ka nambar
Kontokorrent (n)	चालू खाता (m)	chālū khāta
Sparkonto (n)	बचत खाता (m)	bachat khāta
ein Konto eröffnen	खाता खोलना	khāta kholana
das Konto schließen	खाता बंद करना	khāta band karana
einzahlen (vt)	खाते में जमा करना	khāte men jama karana
abheben (vt)	खाते से पैसा निकालना	khāte se paisa nikālana
Einzahlung (f)	जमा (m)	jama
eine Einzahlung machen	जमा करना	jama karana
Überweisung (f)	तार स्थानांतरण (m)	tār sthānāntaran
überweisen (vt)	पैसे स्थानांतरित करना	paise sthānāntarit karana
Summe (f)	रक़म (m)	raqam
Wieviel?	कितना?	kitana?
Unterschrift (f)	हस्ताक्षर (f)	hastākshar
unterschreiben (vt)	हस्ताक्षर करना	hastākshar karana
Kreditkarte (f)	क्रेडिट कार्ड (m)	kredit kārd
Code (m)	पिन कोड (m)	pin kod
Kreditkartennummer (f)	क्रेडिट कार्ड संख्या (f)	kredit kārd sankhya
Geldautomat (m)	एटीएम (m)	etīem
Scheck (m)	चेक (m)	chek
einen Scheck schreiben	चेक लिखना	chek likhana
Scheckbuch (n)	चेकबुक (f)	chekabuk
Darlehen (m)	उधार (m)	uthār
ein Darlehen beantragen	उधार के लिए आवेदन करना	udhār ke lie āvedan karana
ein Darlehen aufnehmen	उधार लेना	uthār lena
ein Darlehen geben	उधार देना	uthār dena
Sicherheit (f)	गारन्टी (f)	gārantī

44. Telefon. Telefongespräche

Telefon (n)	फ़ोन (m)	fon
Mobiltelefon (n)	मोबाइल फ़ोन (m)	mobail fon
Anrufbeantworter (m)	जवाबी मशीन (f)	javābī mashīn
anrufen (vt)	फ़ोन करना	fon karana
Anruf (m)	कॉल (m)	kol
eine Nummer wählen	नम्बर लगाना	nambar lagāna
Hallo!	हेलो!	helo!
fragen (vt)	पूछना	pūchhana
antworten (vi)	जवाब देना	javāb dena
hören (vt)	सुनना	sunana
gut (~ aussehen)	ठीक	thīk

| schlecht (Adv) | ठीक नहीं | thīk nahin |
| Störungen (pl) | आवाज़ें (f) | āvāzen |

Hörer (m)	रिसीवर (m)	risīvar
den Hörer abnehmen	फ़ोन उठाना	fon uthāna
auflegen (den Hörer ~)	फ़ोन रखना	fon rakhana

besetzt	बिज़ी	bizī
läuten (vi)	फ़ोन बजना	fon bajana
Telefonbuch (n)	टेलीफ़ोन बुक (m)	telīfon buk
Orts-	लोकल	lokal
Auslands-	अंतर्राष्ट्रीय	antarrāshtrīy
Fern-	लंबी दूरी की कॉल	lambī dūrī kī kol

45. Mobiltelefon

Mobiltelefon (n)	मोबाइल फ़ोन (m)	mobail fon
Display (n)	डिस्प्ले (m)	disple
Knopf (m)	बटन (m)	batan
SIM-Karte (f)	सिम कार्ड (m)	sim kārd

Batterie (f)	बैटरी (f)	baitarī
leer sein (Batterie)	बैटरी डेड हो जाना	baitarī ded ho jāna
Ladegerät (n)	चार्जर (m)	chārjar

Menü (n)	मीनू (m)	mīnū
Einstellungen (pl)	सेटिंग्स (f)	setings
Melodie (f)	कॉलर ट्यून (m)	kolar tyūn
auswählen (vt)	चुनना	chunana

Rechner (m)	कैल्कुलैटर (m)	kailkulaitar
Anrufbeantworter (m)	वॉयस मेल (f)	voyas mel
Wecker (m)	अलार्म घड़ी (f)	alārm gharī
Kontakte (pl)	संपर्क (m)	sampark

| SMS-Nachricht (f) | एसएमएस (m) | esemes |
| Teilnehmer (m) | सदस्य (m) | sadasy |

46. Bürobedarf

| Kugelschreiber (m) | बॉल पेन (m) | bol pen |
| Federhalter (m) | फाउन्टेन पेन (m) | faunten pen |

Bleistift (m)	पेंसिल (f)	pensil
Faserschreiber (m)	हाईलाइटर (m)	hailaitar
Filzstift (m)	फ़्रेल्ट टिप पेन (m)	felt tip pen

| Notizblock (m) | नोटबुक (m) | notabuk |
| Terminkalender (m) | डायरी (f) | dāyarī |

| Lineal (n) | स्केल (m) | skel |
| Rechner (m) | कैल्कुलेटर (m) | kailkuletar |

Radiergummi (m)	रबड़ (f)	rabar
Reißzwecke (f)	थंबटैक (m)	thanrbataik
Heftklammer (f)	पेपर क्लिप (m)	pepar klip

Klebstoff (m)	गोंद (f)	gond
Hefter (m)	स्टेप्लर (m)	steplar
Locher (m)	होल पंचर (m)	hol panchar
Bleistiftspitzer (m)	शार्पनर (m)	shārpanar

47. Fremdsprachen

Sprache (f)	भाषा (f)	bhāsha
Fremdsprache (f)	विदेशी भाषा (f)	videshī bhāsha
studieren (z.B. Jura ~)	पढ़ना	parhana
lernen (Englisch ~)	सीखना	sīkhana

lesen (vi, vt)	पढ़ना	parhana
sprechen (vi, vt)	बोलना	bolana
verstehen (vt)	समझना	samajhana
schreiben (vi, vt)	लिखना	likhana

schnell (Adv)	तेज़	tez
langsam (Adv)	धीरे	dhīre
fließend (Adv)	धड़ल्ले से	dharalle se

Regeln (pl)	नियम (m pl)	niyam
Grammatik (f)	व्याकरण (m)	vyākaran
Vokabular (n)	शब्दावली (f)	shabdāvalī
Phonetik (f)	स्वरविज्ञान (m)	svaravigyān

Lehrbuch (n)	पाठ्यपुस्तक (f)	pāthyapustak
Wörterbuch (n)	शब्दकोश (m)	shabdakosh
Selbstlernbuch (n)	स्वयंशिक्षक पुस्तक (m)	svayanshikshak pustak
Sprachführer (m)	वार्तालाप-पुस्तिका (f)	vārttālāp-pustika

Kassette (f)	कैसेट (f)	kaiset
Videokassette (f)	वीडियो कैसेट (m)	vīdiyo kaiset
CD (f)	सीडी (m)	sīdī
DVD (f)	डीवीडी (m)	dīvīdī

Alphabet (n)	वर्णमाला (f)	varnamāla
buchstabieren (vt)	हिज्जे करना	hijje karana
Aussprache (f)	उच्चारण (m)	uchchāran

Akzent (m)	लहज़ा (m)	lahaza
mit Akzent	लहज़े के साथ	lahaze ke sāth
ohne Akzent	बिना लहज़े	bina lahaze

| Wort (n) | शब्द (m) | shabd |
| Bedeutung (f) | मतलब (m) | matalab |

Kurse (pl)	पाठ्यक्रम (m)	pāthyakram
sich einschreiben	सदस्य बनना	sadasy banana
Lehrer (m)	शिक्षक (m)	shikshak

Übertragung (f)	तर्जुमा (m)	tarjuma
Übersetzung (f)	अनुवाद (m)	anuvād
Übersetzer (m)	अनुवादक (m)	anuvādak
Dolmetscher (m)	दुभाषिया (m)	dubhāshiya
Polyglott (m, f)	बहुभाषी (m)	bahubhāshī
Gedächtnis (n)	स्मृति (f)	smrti

MAHLZEITEN. RESTAURANT

48. Gedeck

Löffel (m)	चम्मच (m)	chammach
Messer (n)	छुरी (f)	chhurī
Gabel (f)	काँटा (m)	kānta
Tasse (eine ~ Tee)	प्याला (m)	pyāla
Teller (m)	तश्तरी (f)	tashtarī
Untertasse (f)	सॉसर (m)	sosar
Serviette (f)	नैपकीन (m)	naipakīn
Zahnstocher (m)	टूथपिक (m)	tūthapik

49. Restaurant

Restaurant (n)	रेस्टराँ (m)	restarān
Kaffeehaus (n)	कॉफ़ी हाउस (m)	kofī haus
Bar (f)	बार (m)	bār
Teesalon (m)	चायख़ाना (m)	chāyakhāna
Kellner (m)	बैरा (m)	baira
Kellnerin (f)	बैरी (f)	bairī
Barmixer (m)	बारमैन (m)	bāramain
Speisekarte (f)	मेनू (m)	menū
Weinkarte (f)	वाइन सूची (f)	vain sūchī
einen Tisch reservieren	मेज़ बुक करना	mez buk karana
Gericht (n)	पकवान (m)	pakavān
bestellen (vt)	आर्डर देना	ārdar dena
eine Bestellung aufgeben	आर्डर देना	ārdar dena
Aperitif (m)	एपेरेतीफ़ (m)	eperetīf
Vorspeise (f)	एपेटाइज़र (m)	epetaizar
Nachtisch (m)	मीठा (m)	mītha
Rechnung (f)	बिल (m)	bil
Rechnung bezahlen	बील का भुगतान करना	bīl ka bhugatān karana
das Wechselgeld geben	खुले पैसे देना	khule paise dena
Trinkgeld (n)	टिप (f)	tip

50. Mahlzeiten

Essen (n)	खाना (m)	khāna
essen (vi, vt)	खाना खाना	khāna khāna

Frühstück (n)	नाश्ता (m)	nāshta
frühstücken (vi)	नाश्ता करना	nāshta karana
Mittagessen (n)	दोपहर का भोजन (m)	dopahar ka bhojan
zu Mittag essen	दोपहर का भोजन करना	dopahar ka bhojan karana
Abendessen (n)	रात्रिभोज (m)	rātribhoj
zu Abend essen	रात्रिभोज करना	rātribhoj karana

Appetit (m)	भूख (f)	bhūkh
Guten Appetit!	अपने भोजन का आनंद उठाएं!	apane bhojan ka ānand uthaen!

öffnen (vt)	खोलना	kholana
verschütten (vt)	गिराना	girāna
verschüttet werden	गिराना	girāna

kochen (vi)	उबालना	ubālana
kochen (Wasser ~)	उबालना	ubālana
gekocht (Adj)	उबला हुआ	ubala hua
kühlen (vt)	ठंडा करना	thanda karana
abkühlen (vi)	ठंडा करना	thanda karana

Geschmack (m)	स्वाद (m)	svād
Beigeschmack (m)	स्वाद (m)	svād

auf Diät sein	वज़न घटाना	vazan ghatāna
Diät (f)	डाइट (m)	dait
Vitamin (n)	विटामिन (m)	vitāmin
Kalorie (f)	कैलोरी (f)	kailorī
Vegetarier (m)	शाकाहारी (m)	shākāhārī
vegetarisch (Adj)	शाकाहारी	shākāhārī

Fett (n)	वसा (m pl)	vasa
Protein (n)	प्रोटीन (m pl)	protīn
Kohlenhydrat (n)	कार्बोहाइड्रेट (m)	kārbohaidret
Scheibchen (n)	टुकड़ा (m)	tukara
Stück (ein ~ Kuchen)	टुकड़ा (m)	tukara
Krümel (m)	टुकड़ा (m)	tukara

51. Gerichte

Gericht (n)	पकवान (m)	pakavān
Küche (f)	व्यंजन (m)	vyanjan
Rezept (n)	रैसीपी (f)	raisīpī
Portion (f)	भाग (m)	bhāg

Salat (m)	सलाद (m)	salād
Suppe (f)	सूप (m)	sūp

Brühe (f), Bouillon (f)	यख़नी (f)	yakhanī
belegtes Brot (n)	सैन्डविच (m)	saindavich
Spiegelei (n)	आमलेट (m)	āmalet

Hamburger (m)	हैमबर्गर (m)	haimabargar
Beefsteak (n)	बीफ़स्टीक (m)	bīfastīk

Beilage (f)	साइड डिश (f)	said dish
Spaghetti (pl)	स्पेघेटी (f)	speghetī
Kartoffelpüree (n)	आलू भरता (f)	ālū bharata
Pizza (f)	पीट्ज़ा (f)	pītza
Brei (m)	दलिया (f)	daliya
Omelett (n)	आमलेट (m)	āmalet
gekocht	उबला	ubala
geräuchert	धुएँ में पकाया हुआ	dhuen men pakāya hua
gebraten	भुना	bhuna
getrocknet	सूखा	sūkha
tiefgekühlt	फ्रोज़न	frozan
mariniert	अचार	achār
süß	मीठा	mītha
salzig	नमकीन	namakīn
kalt	ठंडा	thanda
heiß	गरम	garam
bitter	कड़वा	karava
lecker	स्वादिष्ट	svādisht
kochen (vt)	उबलते पानी में पकाना	ubalate pānī men pakāna
zubereiten (vt)	खाना बनाना	khāna banāna
braten (vt)	भूनना	bhūnana
aufwärmen (vt)	गरम करना	garam karana
salzen (vt)	नमक डालना	namak dālana
pfeffern (vt)	मिर्च डालना	mirch dālana
reiben (vt)	कद्दूकश करना	kaddūkash karana
Schale (f)	छिलका (f)	chhilaka
schälen (vt)	छिलका निकलना	chhilaka nikalana

52. Essen

Fleisch (n)	गोश्त (m)	gosht
Hühnerfleisch (n)	चीकन (m)	chīkan
Küken (n)	रॉक कोर्निश मुर्गी (f)	rok kornish murgī
Ente (f)	बतख़ (f)	battakh
Gans (f)	हंस (m)	hans
Wild (n)	शिकार के पशुपक्षी (f)	shikār ke pashupakshī
Pute (f)	टर्की (m)	tarkī
Schweinefleisch (n)	सुअर का गोश्त (m)	suar ka gosht
Kalbfleisch (n)	बछड़े का गोश्त (m)	bachhare ka gosht
Hammelfleisch (n)	भेड़ का गोश्त (m)	bher ka gosht
Rindfleisch (n)	गाय का गोश्त (m)	gāy ka gosht
Kaninchenfleisch (n)	खरगोश (m)	kharagosh
Wurst (f)	सॉसेज (f)	sosej
Würstchen (n)	वियना सॉसेज (m)	viyana sosej
Schinkenspeck (m)	बेकन (m)	bekan
Schinken (m)	हैम (m)	haim
Räucherschinken (m)	सुअर की जांघ (f)	suar kī jāngh
Pastete (f)	पिसा हुआ गोश्त (m)	pisa hua gosht

Leber (f)	जिगर (f)	jigar
Hackfleisch (n)	कीमा (m)	kīma
Zunge (f)	जीभ (m)	jībh

Ei (n)	अंडा (m)	anda
Eier (pl)	अंडे (m pl)	ande
Eiweiß (n)	अंडे की सफ़ेदी (m)	ande kī safedī
Eigelb (n)	अंडे की ज़र्दी (m)	ande kī zardī

Fisch (m)	मछली (f)	machhalī
Meeresfrüchte (pl)	समुद्री खाना (m)	samudrī khāna
Kaviar (m)	मछली के अंडे (m)	machhalī ke ande

Krabbe (f)	केकड़ा (m)	kekara
Garnele (f)	चिंगड़ा (m)	chingara
Auster (f)	सीप (m)	sīp
Languste (f)	लोबस्टर (m)	lobastar
Krake (m)	ओक्टोपस (m)	oktopas
Kalmar (m)	स्कीड (m)	skīd

Störfleisch (n)	स्टर्जन (f)	starjan
Lachs (m)	सालमन (m)	sālaman
Heilbutt (m)	हैलिबट (f)	hailibat

Dorsch (m)	कॉड (f)	kod
Makrele (f)	माक्रैल (f)	mākrail
Tunfisch (m)	टूना (f)	tūna
Aal (m)	बाम मछली (f)	bām machhalī

Forelle (f)	ट्राउट मछली (f)	traut machhalī
Sardine (f)	सार्डीन (f)	sārdīn
Hecht (m)	पाइक (f)	paik
Hering (m)	हेरिंग मछली (f)	hering machhalī

Brot (n)	ब्रेड (f)	bred
Käse (m)	पनीर (m)	panīr
Zucker (m)	चीनी (f)	chīnī
Salz (n)	नमक (m)	namak

Reis (m)	चावल (m)	chāval
Teigwaren (pl)	पास्ता (m)	pāsta
Nudeln (pl)	नूडल्स (m)	nūdals

Butter (f)	मक्खन (m)	makkhan
Pflanzenöl (n)	तेल (m)	tel
Sonnenblumenöl (n)	सूरजमुखी तेल (m)	sūrajamukhī tel
Margarine (f)	नकली मक्खन (m)	nakalī makkhan

| Oliven (pl) | जैतून (m) | jaitūn |
| Olivenöl (n) | जैतून का तेल (m) | jaitūn ka tel |

Milch (f)	दूध (m)	dūdh
Kondensmilch (f)	रबड़ी (f)	rabarī
Joghurt (m)	दही (m)	dahī
saure Sahne (f)	खट्टी क्रीम (f)	khattī krīm
Sahne (f)	मलाई (f pl)	malaī

Mayonnaise (f)	मेयोनेज़ (m)	meyonez
Buttercreme (f)	क्रीम (m)	krīm
Grütze (f)	अनाज के दाने (m)	anāj ke dāne
Mehl (n)	आटा (m)	āta
Konserven (pl)	डिब्बाबन्द खाना (m)	dibbāband khāna
Maisflocken (pl)	कॉर्नफ्लेक्स (m)	kornafleks
Honig (m)	शहद (m)	shahad
Marmelade (f)	जैम (m)	jaim
Kaugummi (m, n)	चूइन्ग गाम (m)	chūing gam

53. Getränke

Wasser (n)	पानी (m)	pānī
Trinkwasser (n)	पीने का पानी (f)	pīne ka pānī
Mineralwasser (n)	मिनरल वॉटर (m)	minaral votar
still	स्टिल वॉटर	stil votar
mit Kohlensäure	कार्बोनेटेड	kārboneted
mit Gas	स्पार्कलिंग	spārkaling
Eis (n)	बर्फ़ (m)	barf
mit Eis	बर्फ़ के साथ	barf ke sāth
alkoholfrei (Adj)	शराब रहित	sharāb rahit
alkoholfreies Getränk (n)	कोल्ड ड्रिंक (f)	kold drink
Erfrischungsgetränk (n)	शीतलक ड्रिंक (f)	shītalak drink
Limonade (f)	लेमोनेड (m)	lemoned
Spirituosen (pl)	शराब (m pl)	sharāb
Wein (m)	वाइन (f)	vain
Weißwein (m)	सफ़ेद वाइन (f)	safed vain
Rotwein (m)	लाल वाइन (f)	lāl vain
Likör (m)	लिकर (m)	likar
Champagner (m)	शैम्पेन (f)	shaimpen
Wermut (m)	वर्मोथ (f)	varmauth
Whisky (m)	विस्की (f)	viskī
Wodka (m)	वोडका (m)	vodaka
Gin (m)	जिन (f)	jin
Kognak (m)	कोन्याक (m)	konyāk
Rum (m)	रम (m)	ram
Kaffee (m)	कॉफ़ी (f)	kofī
schwarzer Kaffee (m)	काली कॉफ़ी (f)	kālī kofī
Milchkaffee (m)	दूध के साथ कॉफ़ी (f)	dūdh ke sāth kofī
Cappuccino (m)	कैपूचिनो (f)	kaipūchino
Pulverkaffee (m)	इन्स्टेन्ट-काफ़ी (f)	insatent-kāfī
Milch (f)	दूध (m)	dūdh
Cocktail (m)	कॉकटेल (m)	kokatel
Milchcocktail (m)	मिल्कशेक (m)	milkashek
Saft (m)	रस (m)	ras

Tomatensaft (m)	टमाटर का रस (m)	tamātar ka ras
Orangensaft (m)	संतरे का रस (m)	santare ka ras
frisch gepresster Saft (m)	ताज़ा रस (m)	tāza ras

Bier (n)	बियर (m)	biyar
Helles (n)	हल्का बियर (m)	halka biyar
Dunkelbier (n)	डार्क बियर (m)	dārk biyar

Tee (m)	चाय (f)	chāy
schwarzer Tee (m)	काली चाय (f)	kālī chāy
grüner Tee (m)	हरी चाय (f)	harī chāy

54. Gemüse

| Gemüse (n) | सब्ज़ियाँ (f pl) | sabziyān |
| grünes Gemüse (pl) | हरी सब्ज़ियाँ (f) | harī sabziyān |

Tomate (f)	टमाटर (m)	tamātar
Gurke (f)	खीरा (m)	khīra
Karotte (f)	गाजर (f)	gājar
Kartoffel (f)	आलू (m)	ālū
Zwiebel (f)	प्याज़ (m)	pyāz
Knoblauch (m)	लहसुन (m)	lahasun

| Kohl (m) | पत्ता गोभी (f) | patta gobhī |
| Blumenkohl (m) | फूल गोभी (f) | fūl gobhī |

| Rosenkohl (m) | ब्रसेल्स स्प्राउट्स (m) | brasels sprauts |
| Brokkoli (m) | ब्रोकोली (f) | brokolī |

Rote Bete (f)	चुकन्दर (m)	chukandar
Aubergine (f)	बैंगन (m)	baingan
Zucchini (f)	तुरई (f)	turī

| Kürbis (m) | कद्दू | kaddū |
| Rübe (f) | शलजम (f) | shalajam |

Petersilie (f)	अजमोद (f)	ajamod
Dill (m)	सोआ (m)	soa
Kopf Salat (m)	सलाद पत्ता (m)	salād patta
Sellerie (m)	सेलरी (m)	selarī

| Spargel (m) | एस्पैरेगस (m) | espairegas |
| Spinat (m) | पालक (m) | pālak |

| Erbse (f) | मटर (m) | matar |
| Bohnen (pl) | फली (f pl) | falī |

| Mais (m) | मकई (f) | makī |
| weiße Bohne (f) | राजमा (f) | rājama |

Paprika (m)	शिमला मिर्च (m)	shimala mirch
Radieschen (n)	मूली (f)	mūlī
Artischocke (f)	हाथीचक (m)	hāthīchak

55. Obst. Nüsse

Frucht (f)	फल (m)	fal
Apfel (m)	सेब (m)	seb
Birne (f)	नाशपाती (f)	nāshapātī
Zitrone (f)	नींबू (m)	nīmbū
Apfelsine (f)	संतरा (m)	santara
Erdbeere (f)	स्ट्रॉबेरी (f)	stroberī
Mandarine (f)	नारंगी (m)	nārangī
Pflaume (f)	आलूबुखारा (m)	ālūbukhāra
Pfirsich (m)	आड़ू (m)	ārū
Aprikose (f)	खूबानी (f)	khūbānī
Himbeere (f)	रसभरी (f)	rasabharī
Ananas (f)	अनानास (m)	anānās
Banane (f)	केला (m)	kela
Wassermelone (f)	तरबूज़ (m)	tarabūz
Weintrauben (pl)	अंगूर (m)	angūr
Kirsche (f)	चेरी (f)	cherī
Melone (f)	खरबूज़ा (f)	kharabūza
Grapefruit (f)	ग्रेपफ्रूट (m)	grepafrūt
Avocado (f)	एवोकाडो (m)	evokādo
Papaya (f)	पपीता (f)	papīta
Mango (f)	आम (m)	ām
Granatapfel (m)	अनार (m)	anār
rote Johannisbeere (f)	लाल किशमिश (f)	lāl kishamish
schwarze Johannisbeere (f)	काली किशमिश (f)	kālī kishamish
Stachelbeere (f)	आमला (f)	āmala
Heidelbeere (f)	बिलबेरी (f)	bilaberī
Brombeere (f)	ब्लैकबेरी (f)	blaikaberī
Rosinen (pl)	किशमिश (m)	kishamish
Feige (f)	अंजीर (m)	anjīr
Dattel (f)	खजूर (m)	khajūr
Erdnuss (f)	मूँगफली (m)	mūngafalī
Mandel (f)	बादाम (f)	bādām
Walnuss (f)	अखरोट (m)	akharot
Haselnuss (f)	हेज़लनट (m)	hezalanat
Kokosnuss (f)	नारियल (m)	nāriyal
Pistazien (pl)	पिस्ता (m)	pista

56. Brot. Süßigkeiten

Konditorwaren (pl)	मिठाई (f pl)	mithaī
Brot (n)	ब्रेड (f)	bred
Keks (m, n)	बिस्कुट (m)	biskut
Schokolade (f)	चॉकलेट (m)	chokalet
Schokoladen-	चॉकलेटी	chokaletī

Bonbon (m, n)	टॉफ़ी (f)	tofī
Kuchen (m)	पेस्ट्री (f)	pestrī
Torte (f)	केक (m)	kek

| Kuchen (Apfel-) | पाई (m) | paī |
| Füllung (f) | फ़िलिंग (f) | filing |

Konfitüre (f)	जैम (m)	jaim
Marmelade (f)	मुरब्बा (m)	murabba
Waffeln (pl)	वेफ़र (m pl)	vefar
Eis (n)	आईस-क्रीम (f)	āīs-krīm

57. Gewürze

Salz (n)	नमक (m)	namak
salzig (Adj)	नमकीन	namakīn
salzen (vt)	नमक डालना	namak dālana

schwarzer Pfeffer (m)	काली मिर्च (f)	kālī mirch
roter Pfeffer (m)	लाल मिर्च (m)	lāl mirch
Senf (m)	सरसों (m)	sarason
Meerrettich (m)	अरब मूली (f)	arab mūlī

Gewürz (n)	मसाला (m)	masāla
Gewürz (n)	मसाला (m)	masāla
Soße (f)	चटनी (f)	chatanī
Essig (m)	सिरका (m)	siraka

Anis (m)	सौंफ़ (f)	saumf
Basilikum (n)	तुलसी (f)	tulasī
Nelke (f)	लौंग (f)	laung
Ingwer (m)	अदरक (m)	adarak
Koriander (m)	धनिया (m)	dhaniya
Zimt (m)	दालचीनी (f)	dālachīnī

Sesam (m)	तिल (m)	til
Lorbeerblatt (n)	तेजपत्ता (m)	tejapatta
Paprika (m)	लाल शिमला मिर्च पाउडर (m)	lāl shimala mirch paudar
Kümmel (m)	ज़ीरा (m)	zīra
Safran (m)	ज़ाफ़रान (m)	zāfarān

PERSÖNLICHE INFORMATIONEN. FAMILIE

58. Persönliche Informationen. Formulare

Vorname (m)	पहला नाम (m)	pahala nām
Name (m)	उपनाम (m)	upanām
Geburtsdatum (n)	जन्म-दिवस (m)	janm-divas
Geburtsort (m)	मातृभूमि (f)	mātrbhūmi
Nationalität (f)	नागरिकता (f)	nāgarikata
Wohnort (m)	निवास स्थान (m)	nivās sthān
Land (n)	देश (m)	desh
Beruf (m)	पेशा (m)	pesha
Geschlecht (n)	लिंग (m)	ling
Größe (f)	क़द (m)	qad
Gewicht (n)	वज़न (m)	vazan

59. Familienmitglieder. Verwandte

Mutter (f)	माँ (f)	mān
Vater (m)	पिता (m)	pita
Sohn (m)	बेटा (m)	beta
Tochter (f)	बेटी (f)	betī
jüngste Tochter (f)	छोटी बेटी (f)	chhotī betī
jüngste Sohn (m)	छोटा बेटा (m)	chhota beta
ältere Tochter (f)	बड़ी बेटी (f)	barī betī
älterer Sohn (m)	बड़ा बेटा (m)	bara beta
Bruder (m)	भाई (m)	bhaī
Schwester (f)	बहन (f)	bahan
Cousin (m)	चचेरा भाई (m)	chachera bhaī
Cousine (f)	चचेरी बहन (f)	chacherī bahan
Mama (f)	अम्मा (f)	amma
Papa (m)	पापा (m)	pāpa
Eltern (pl)	माँ-बाप (m pl)	mān-bāp
Kind (n)	बच्चा (m)	bachcha
Kinder (pl)	बच्चे (m pl)	bachche
Großmutter (f)	दादी (f)	dādī
Großvater (m)	दादा (m)	dāda
Enkel (m)	पोता (m)	pota
Enkelin (f)	पोती (f)	potī
Enkelkinder (pl)	पोते (m)	pote
Onkel (m)	चाचा (m)	chācha
Tante (f)	चाची (f)	chāchī

Neffe (m)	भतीजा (m)	bhatīja
Nichte (f)	भतीजी (f)	bhatījī

Schwiegermutter (f)	सास (f)	sās
Schwiegervater (m)	ससुर (m)	sasur
Schwiegersohn (m)	दामाद (m)	dāmād
Stiefmutter (f)	सौतेली माँ (f)	sautelī mān
Stiefvater (m)	सौतेले पिता (m)	sautele pita

Säugling (m)	दूधमुँहा बच्चा (m)	dudhamunha bachcha
Kleinkind (n)	शिशु (f)	shishu
Kleine (m)	छोटा बच्चा (m)	chhota bachcha

Frau (f)	पत्नी (f)	patnī
Mann (m)	पति (m)	pati
Ehemann (m)	पति (m)	pati
Gemahlin (f)	पत्नी (f)	patnī

verheiratet (Ehemann)	शादीशुदा	shādīshuda
verheiratet (Ehefrau)	शादीशुदा	shādīshuda
ledig	अविवाहित	avivāhit
Junggeselle (m)	कुँआरा (m)	kunāra
geschieden (Adj)	तलाक़शुदा	talāqashuda
Witwe (f)	विधवा (f)	vidhava
Witwer (m)	विधुर (m)	vidhur

Verwandte (m)	रिश्तेदार (m)	rishtedār
naher Verwandter (m)	सम्बंधी (m)	sambandhī
entfernter Verwandter (m)	दूर का रिश्तेदार (m)	dūr ka rishtedār
Verwandte (pl)	रिश्तेदार (m pl)	rishtedār

Waise (m, f)	अनाथ (m)	anāth
Vormund (m)	अभिभावक (m)	abhibhāvak
adoptieren (einen Jungen)	लड़का गोद लेना	laraka god lena
adoptieren (ein Mädchen)	लड़की गोद लेना	larakī god lena

60. Freunde. Arbeitskollegen

Freund (m)	दोस्त (m)	dost
Freundin (f)	सहेली (f)	sahelī
Freundschaft (f)	दोस्ती (f)	dostī
befreundet sein	दोस्त होना	dost hona

Freund (m)	मित्र (m)	mitr
Freundin (f)	सहेली (f)	sahelī
Partner (m)	पार्टनर (m)	pārtanar

Chef (m)	चीफ़ (m)	chīf
Vorgesetzte (m)	अधीक्षक (m)	adhīkshak
Untergeordnete (m)	अधीनस्थ (m)	adhīnasth
Kollege (m), Kollegin (f)	सहकर्मी (m)	sahakarmī

Bekannte (m)	परिचित आदमी (m)	parichit ādamī
Reisegefährte (m)	सहगामी (m)	sahagāmī

Mitschüler (m)	सहपाठी (m)	sahapāthī
Nachbar (m)	पड़ोसी (m)	parosī
Nachbarin (f)	पड़ोसन (f)	parosan
Nachbarn (pl)	पड़ोसी (m pl)	parosī

MENSCHLICHER KÖRPER. MEDIZIN

61. Kopf

Kopf (m)	सिर (m)	sir
Gesicht (n)	चेहरा (m)	chehara
Nase (f)	नाक (f)	nāk
Mund (m)	मुँह (m)	munh
Auge (n)	आँख (f)	ānkh
Augen (pl)	आँखें (f)	ānkhen
Pupille (f)	आँख की पुतली (f)	ānkh kī putalī
Augenbraue (f)	भौंह (f)	bhaunh
Wimper (f)	बरौनी (f)	baraunī
Augenlid (n)	पलक (m)	palak
Zunge (f)	जीभ (m)	jībh
Zahn (m)	दाँत (f)	dānt
Lippen (pl)	होंठ (m)	honth
Backenknochen (pl)	गाल की हड्डी (f)	gāl kī haddī
Zahnfleisch (n)	मसूड़ा (m)	masūra
Gaumen (m)	तालु (m)	tālu
Nasenlöcher (pl)	नथने (m pl)	nathane
Kinn (n)	ठोड़ी (f)	thorī
Kiefer (m)	जबड़ा (m)	jabara
Wange (f)	गाल (m)	gāl
Stirn (f)	माथा (m)	mātha
Schläfe (f)	कनपट्टी (f)	kanapattī
Ohr (n)	कान (m)	kān
Nacken (m)	सिर का पिछला हिस्सा (m)	sir ka pichhala hissa
Hals (m)	गरदन (m)	garadan
Kehle (f)	गला (m)	gala
Haare (pl)	बाल (m pl)	bāl
Frisur (f)	हेयरस्टाइल (m)	heyarastail
Haarschnitt (m)	हेयरकट (m)	heyarakat
Perücke (f)	नकली बाल (m)	nakalī bāl
Schnurrbart (m)	मूँछें (f pl)	mūnchhen
Bart (m)	दाढ़ी (f)	dārhī
haben (einen Bart ~)	होना	hona
Zopf (m)	चोटी (f)	chotī
Backenbart (m)	गलमुच्छा (m)	galamuchchha
rothaarig	लाल बाल	lāl bāl
grau	सफ़ेद बाल	safed bāl
kahl	गंजा	ganja
Glatze (f)	गंजाई (f)	ganjaī

| Pferdeschwanz (m) | पोनी-टेल (f) | ponī-tel |
| Pony (Ponyfrisur) | बेंग (m) | beng |

62. Menschlicher Körper

| Hand (f) | हाथ (m) | hāth |
| Arm (m) | बाँह (m) | bānh |

Finger (m)	उँगली (m)	ungalī
Daumen (m)	अँगूठा (m)	angūtha
kleiner Finger (m)	छोटी उंगली (f)	chhotī ungalī
Nagel (m)	नाखून (m)	nākhūn

Faust (f)	मुट्ठी (m)	mutthī
Handfläche (f)	हथेली (f)	hathelī
Handgelenk (n)	कलाई (f)	kalaī
Unterarm (m)	प्रकोष्ठ (m)	prakoshth
Ellbogen (m)	कोहनी (f)	kohanī
Schulter (f)	कंधा (m)	kandha

Bein (n)	टाँग (f)	tāng
Fuß (m)	पैर का तलवा (m)	pair ka talava
Knie (n)	घुटना (m)	ghutana
Wade (f)	पिंडली (f)	pindalī
Hüfte (f)	जाँघ (f)	jāngh
Ferse (f)	एड़ी (f)	erī

Körper (m)	शरीर (m)	sharīr
Bauch (m)	पेट (m)	pet
Brust (f)	सीना (m)	sīna
Busen (m)	स्तन (f)	stan
Seite (f), Flanke (f)	कूल्हा (m)	kūlha
Rücken (m)	पीठ (f)	pīth
Kreuz (n)	पीठ का निचला हिस्सा (m)	pīth ka nichala hissa
Taille (f)	कमर (f)	kamar

Nabel (m)	नाभी (f)	nābhī
Gesäßbacken (pl)	नितंब (m pl)	nitamb
Hinterteil (n)	नितम्ब (m)	nitamb

Leberfleck (m)	सौंदर्य चिन्ह (f)	saundary chinh
Muttermal (n)	जन्म चिह्न (m)	janm chihn
Tätowierung (f)	टैटू (m)	taitū
Narbe (f)	घाव का निशान (m)	ghāv ka nishān

63. Krankheiten

Krankheit (f)	बीमारी (f)	bīmārī
krank sein	बीमार होना	bīmār hona
Gesundheit (f)	सेहत (f)	sehat
Schnupfen (m)	नज़ला (m)	nazala
Angina (f)	टॉन्सिल (m)	tonsil

| Erkältung (f) | जुकाम (f) | zukām |
| sich erkälten | जुकाम हो जाना | zukām ho jāna |

Bronchitis (f)	ब्रॉन्काइटिस (m)	bronkaitis
Lungenentzündung (f)	निमोनिया (f)	nimoniya
Grippe (f)	फ्लू (m)	flū

kurzsichtig	कमबीन	kamabīn
weitsichtig	कमज़ोर दूरदृष्टि	kamazor dūradrshti
Schielen (n)	तिरछी नज़र (m)	tirachhī nazar
schielend (Adj)	तिरछी नज़रवाला	tirachhī nazaravāla
grauer Star (m)	मोतिया बिंद (m)	motiya bind
Glaukom (n)	काला मोतिया (m)	kāla motiya

Schlaganfall (m)	स्ट्रोक (m)	strok
Infarkt (m)	दिल का दौरा (m)	dil ka daura
Herzinfarkt (m)	मायोकार्डियल इन्फार्क्शन (m)	māyokārdiyal infārkshan
Lähmung (f)	लकवा (m)	lakava
lähmen (vt)	लकवा मारना	laqava mārana

Allergie (f)	एलर्जी (f)	elarjī
Asthma (n)	दमा (f)	dama
Diabetes (m)	शूगर (f)	shūgar

| Zahnschmerz (m) | दाँत दर्द (m) | dānt dard |
| Karies (f) | दाँत में कीड़ा (m) | dānt men kīra |

Durchfall (m)	दस्त (m)	dast
Verstopfung (f)	कब्ज़ (m)	kabz
Magenverstimmung (f)	पेट ख़राब (m)	pet kharāb
Vergiftung (f)	ख़राब खाने से हुई बीमारी (f)	kharāb khāne se huī bīmārī
Vergiftung bekommen	ख़राब खाने से बीमार पड़ना	kharāb khāne se bīmār parana

Arthritis (f)	गठिया (m)	gathiya
Rachitis (f)	बालवक्र (m)	bālavakr
Rheumatismus (m)	आमवात (m)	āmavāt
Atherosklerose (f)	धमनीकलाकाठिन्य (m)	dhamanīkalākāthiny

Gastritis (f)	जठर-शोथ (m)	jathar-shoth
Blinddarmentzündung (f)	उण्डुक-शोथ (m)	unduk-shoth
Cholezystitis (f)	पित्ताशय (m)	pittāshay
Geschwür (n)	अल्सर (m)	alsar

Masern (pl)	मीज़ल्स (m)	mīzals
Röteln (pl)	जर्मन मीज़ल्स (m)	jarman mīzals
Gelbsucht (f)	पीलिया (m)	pīliya
Hepatitis (f)	हेपेटाइटिस (m)	hepetaitis

Schizophrenie (f)	शीज़ोफ्रेनीय (f)	shīzofrenīy
Tollwut (f)	रेबीज़ (m)	rebīz
Neurose (f)	न्यूरोसिस (m)	nyūrosis
Gehirnerschütterung (f)	आघात (m)	āghāt

| Krebs (m) | कर्क रोग (m) | kark rog |
| Sklerose (f) | काठिन्य (m) | kāthiny |

multiple Sklerose (f)	मल्टीपल स्क्लेरोसिस (m)	maltīpal sklerosis
Alkoholismus (m)	शराबीपन (m)	sharābīpan
Alkoholiker (m)	शराबी (m)	sharābī
Syphilis (f)	सीफ़ीलिस (m)	sīfīlis
AIDS	ऐड्स (m)	aids
Tumor (m)	ट्यूमर (m)	tyūmar
bösartig	घातक	ghātak
gutartig	अर्बुद	arbud
Fieber (n)	बुखार (m)	bukhār
Malaria (f)	मलेरिया (f)	maleriya
Gangrän (f, n)	गैन्ग्रीन (m)	gaingrīn
Seekrankheit (f)	जहाज़ी मतली (f)	jahāzī matalī
Epilepsie (f)	मिरगी (f)	miragī
Epidemie (f)	महामारी (f)	mahāmārī
Typhus (m)	टाइफ़स (m)	taifas
Tuberkulose (f)	टीबी (m)	tībī
Cholera (f)	हैज़ा (f)	haiza
Pest (f)	प्लेग (f)	pleg

64. Symptome. Behandlungen. Teil 1

Symptom (n)	लक्षण (m)	lakshan
Temperatur (f)	तापमान (m)	tāpamān
Fieber (n)	बुखार (f)	bukhār
Puls (m)	नब्ज़ (f)	nabz
Schwindel (m)	सिर का चक्कर (m)	sir ka chakkar
heiß (Stirne usw.)	गरम	garam
Schüttelfrost (m)	कंपकंपी (f)	kampakampī
blass (z.B. -es Gesicht)	पीला	pīla
Husten (m)	खाँसी (f)	khānsī
husten (vi)	खाँसना	khānsana
niesen (vi)	छींकना	chhīnkana
Ohnmacht (f)	बेहोशी (f)	behoshī
ohnmächtig werden	बेहोश होना	behosh hona
blauer Fleck (m)	नील (m)	nīl
Beule (f)	गुमड़ा (m)	gumara
sich stoßen	चोट लगना	chot lagana
Prellung (f)	चोट (f)	chot
sich stoßen	घाव लगना	ghāv lagana
hinken (vi)	लँगड़ाना	langarāna
Verrenkung (f)	हड्डी खिसकना (f)	haddī khisakana
ausrenken (vt)	हड्डी खिसकना	haddī khisakana
Fraktur (f)	हड्डी टूट जाना (f)	haddī tūt jāna
brechen (Arm usw.)	हड्डी टूट जाना	haddī tūt jāna
Schnittwunde (f)	कट जाना (m)	kat jāna
sich schneiden	ख़ुद को काट लेना	khud ko kāt lena

Blutung (f)	रक्त-स्राव (m)	rakt-srāv
Verbrennung (f)	जला होना	jala hona
sich verbrennen	जल जाना	jal jāna

stechen (vt)	चुभाना	chubhāna
sich stechen	खुद को चुभाना	khud ko chubhāna
verletzen (vt)	घायल करना	ghāyal karana
Verletzung (f)	चोट (f)	chot
Wunde (f)	घाव (m)	ghāv
Trauma (n)	चोट (f)	chot

irrereden (vi)	बेहोशी में बड़बड़ाना	behoshī men barabadāna
stottern (vi)	हकलाना	hakalāna
Sonnenstich (m)	धूप आघात (m)	dhūp āghāt

65. Symptome. Behandlungen. Teil 2

| Schmerz (m) | दर्द (f) | dard |
| Splitter (m) | चुभ जाना (m) | chubh jāna |

Schweiß (m)	पसीना (f)	pasīna
schwitzen (vi)	पसीना निकलना	pasīna nikalana
Erbrechen (n)	वमन (m)	vaman
Krämpfe (pl)	दौरा (m)	daura

schwanger	गर्भवती	garbhavatī
geboren sein	जन्म लेना	janm lena
Geburt (f)	पैदा करना (m)	paida karana
gebären (vt)	पैदा करना	paida karana
Abtreibung (f)	गर्भपात (m)	garbhapāt

Atem (m)	साँस (f)	sāns
Atemzug (m)	साँस अंदर खींचना (f)	sāns andar khīnchana
Ausatmung (f)	साँस बाहर छोड़ना (f)	sāns bāhar chhorana
ausatmen (vt)	साँस बाहर छोड़ना	sāns bāhar chhorana
einatmen (vt)	साँस अंदर खींचना	sāns andar khīnchana

Invalide (m)	अपाहिज (m)	apāhij
Krüppel (m)	लूला (m)	lūla
Drogenabhängiger (m)	नशेबाज़ (m)	nashebāz

taub	बहरा	bahara
stumm	गूँगा	gūnga
taubstumm	बहरा और गूँगा	bahara aur gūnga

verrückt (Adj)	पागल	pāgal
Irre (m)	पगला (m)	pagala
Irre (f)	पगली (f)	pagalī
den Verstand verlieren	पागल हो जाना	pāgal ho jāna

Gen (n)	वंशाणु (m)	vanshānu
Immunität (f)	रोग प्रतिरोधक शक्ति (f)	rog pratirodhak shakti
erblich	जन्मजात	janmajāt
angeboren	पैदाइशी	paidaishī

Virus (m, n)	विषाणु (m)	vishānu
Mikrobe (f)	कीटाणु (m)	kītānu
Bakterie (f)	जीवाणु (m)	jīvānu
Infektion (f)	संक्रमण (m)	sankraman

66. Symptome. Behandlungen. Teil 3

Krankenhaus (n)	अस्पताल (m)	aspatāl
Patient (m)	मरीज़ (m)	marīz
Diagnose (f)	रोग-निर्णय (m)	rog-nirnay
Heilung (f)	इलाज (m)	ilāj
Behandlung (f)	चिकित्सीय उपचार (m)	chikitsīy upachār
Behandlung bekommen	इलाज कराना	ilāj karāna
behandeln (vt)	इलाज करना	ilāj karana
pflegen (Kranke)	देखभाल करना	dekhabhāl karana
Pflege (f)	देखभाल (f)	dekhabhāl
Operation (f)	ऑपरेशन (m)	opareshan
verbinden (vt)	पट्टी बाँधना	pattī bāndhana
Verband (m)	पट्टी (f)	pattī
Impfung (f)	टीका (m)	tīka
impfen (vt)	टीका लगाना	tīka lagāna
Spritze (f)	इंजेक्शन (m)	injekshan
eine Spritze geben	इंजेक्शन लगाना	injekshan lagāna
Amputation (f)	अंगविच्छेद (f)	angavichchhed
amputieren (vt)	अंगविच्छेद करना	angavichchhed karana
Koma (n)	कोमा (m)	koma
im Koma liegen	कोमा में चले जाना	koma men chale jāna
Reanimation (f)	गहन चिकित्सा (f)	gahan chikitsa
genesen von ... (vi)	ठीक हो जाना	thīk ho jāna
Zustand (m)	हालत (m)	hālat
Bewusstsein (n)	होश (m)	hosh
Gedächtnis (n)	याददाश्त (f)	yādadāsht
ziehen (einen Zahn ~)	दाँत निकालना	dānt nikālana
Plombe (f)	भराव (m)	bharāv
plombieren (vt)	दाँत को भरना	dānt ko bharana
Hypnose (f)	हिपनोसिस (m)	hipanosis
hypnotisieren (vt)	हिपनोटाइज़ करना	hipanotaiz karana

67. Medizin. Medikamente. Accessoires

Arznei (f)	दवा (f)	dava
Heilmittel (n)	दवाई (f)	davaī
verschreiben (vt)	नुसख़ा लिखना	nusakha likhana
Rezept (n)	नुसख़ा (m)	nusakha
Tablette (f)	गोली (f)	golī

Salbe (f)	मरहम (m)	maraham
Ampulle (f)	एम्प्यूल (m)	empyūl
Mixtur (f)	सिरप (m)	sirap
Sirup (m)	शरबत (m)	sharabat
Pille (f)	गोली (f)	golī
Pulver (n)	चूरन (m)	chūran
Verband (m)	पट्टी (f)	pattī
Watte (f)	रूई का गोला (m)	rūī ka gola
Jod (n)	आयोडीन (m)	āyoḍīn
Pflaster (n)	बैंड-एड (m)	baind-ed
Pipette (f)	आई-ड्रॉपर (m)	āī-dropar
Thermometer (n)	थरमामीटर (m)	tharamāmītar
Spritze (f)	इंजेक्शन (m)	injekshan
Rollstuhl (m)	ठहीलचेयर (f)	vhīlacheyar
Krücken (pl)	बैसाखी (m pl)	baisākhī
Betäubungsmittel (n)	दर्द-निवारक (f)	dard-nivārak
Abführmittel (n)	जुलाब की गोली (f)	julāb kī golī
Spiritus (m)	स्पिरिट (m)	spirit
Heilkraut (n)	जड़ी-बूटी (f)	jarī-būtī
Kräuter- (z.B. Kräutertee)	जड़ी-बूटियों से बना	jarī-būtiyon se bana

WOHNUNG

68. Wohnung

Wohnung (f)	प्स्लैट (f)	flait
Zimmer (n)	कमरा (m)	kamara
Schlafzimmer (n)	सोने का कमरा (m)	sone ka kamara
Esszimmer (n)	खाने का कमरा (m)	khāne ka kamara
Wohnzimmer (n)	बैठक (f)	baithak
Arbeitszimmer (n)	घरेलू कार्यालय (m)	gharelū kāryālay
Vorzimmer (n)	प्रवेश कक्ष (m)	pravesh kaksh
Badezimmer (n)	स्नानघर (m)	snānaghar
Toilette (f)	शौचालय (m)	shauchālay
Decke (f)	छत (f)	chhat
Fußboden (m)	फ़र्श (m)	farsh
Ecke (f)	कोना (m)	kona

69. Möbel. Innenausstattung

Möbel (n)	फ़र्निचर (m)	farnichar
Tisch (m)	मेज़ (f)	mez
Stuhl (m)	कुर्सी (f)	kursī
Bett (n)	पलंग (m)	palang
Sofa (n)	सोफ़ा (m)	sofa
Sessel (m)	हत्थे वाली कुर्सी (f)	hatthe vālī kursī
Bücherschrank (m)	किताबों की अलमारी (f)	kitābon kī alamārī
Regal (n)	शेल्फ़ (f)	shelf
Schrank (m)	कपड़ों की अलमारी (f)	kaparon kī alamārī
Hakenleiste (f)	खूँटी (f)	khūntī
Kleiderständer (m)	खूँटी (f)	khūntī
Kommode (f)	कपड़ों की अलमारी (f)	kaparon kī alamārī
Couchtisch (m)	कॉफ़ी की मेज़ (f)	kofī kī mez
Spiegel (m)	आईना (m)	āīna
Teppich (m)	कालीन (m)	kālīn
Matte (kleiner Teppich)	दरी (f)	darī
Kamin (m)	चिमनी (f)	chimanī
Kerze (f)	मोमबत्ती (f)	momabattī
Kerzenleuchter (m)	मोमबत्तीदान (m)	momabattīdān
Vorhänge (pl)	परदे (m pl)	parade
Tapete (f)	वॉल पेपर (m)	vol pepar

Jalousie (f)	जेलुज़ी (f pl)	jeluzī
Tischlampe (f)	मेज़ का लैम्प (m)	mez ka laimp
Leuchte (f)	दिवार का लैम्प (m)	divār ka laimp
Stehlampe (f)	फ़र्श का लैम्प (m)	farsh ka laimp
Kronleuchter (m)	झूमर (m)	jhūmar

Bein (Tischbein usw.)	पाँव (m)	pānv
Armlehne (f)	कुर्सी का हत्था (m)	kursī ka hattha
Lehne (f)	कुर्सी की पीठ (f)	kursī kī pīth
Schublade (f)	दराज़ (m)	darāz

70. Bettwäsche

Bettwäsche (f)	बिस्तर के कपड़े (m)	bistar ke kapare
Kissen (n)	तकिया (m)	takiya
Kissenbezug (m)	ग़िलाफ़ (m)	gilāf
Bettdecke (f)	रज़ाई (f)	razaī
Laken (n)	चादर (f)	chādar
Tagesdecke (f)	चादर (f)	chādar

71. Küche

Küche (f)	रसोईघर (m)	rasoīghar
Gas (n)	गैस (m)	gais
Gasherd (m)	गैस का चूल्हा (m)	gais ka chūlha
Elektroherd (m)	बिजली का चूल्हा (m)	bijalī ka chūlha
Backofen (m)	ओवन (m)	ovan
Mikrowellenherd (m)	माइक्रोवेव ओवन (m)	maikrovev ovan

Kühlschrank (m)	फ़्रिज (m)	frij
Tiefkühltruhe (f)	फ़्रीज़र (m)	frījar
Geschirrspülmaschine (f)	डिशवॉशर (m)	dishavoshar

Fleischwolf (m)	कीमा बनाने की मशीन (f)	kīma banāne kī mashīn
Saftpresse (f)	जूसर (m)	jūsar
Toaster (m)	टोस्टर (m)	tostar
Mixer (m)	मिक्सर (m)	miksar

Kaffeemaschine (f)	कॉफ़ी मशीन (f)	kofī mashīn
Kaffeekanne (f)	कॉफ़ी पॉट (m)	kofī pot
Kaffeemühle (f)	कॉफ़ी पीसने की मशीन (f)	kofī pīsane kī mashīn

Wasserkessel (m)	केतली (f)	ketalī
Teekanne (f)	चायदानी (f)	chāyadānī
Deckel (m)	ढक्कन (m)	dhakkan
Teesieb (n)	छलनी (f)	chhalanī

Löffel (m)	चम्मच (m)	chammach
Teelöffel (m)	चम्मच (m)	chammach
Esslöffel (m)	चम्मच (m)	chammach
Gabel (f)	काँटा (m)	kānta
Messer (n)	छुरी (f)	chhurī

Geschirr (n)	बरतन (m)	baratan
Teller (m)	तश्तरी (f)	tashtarī
Untertasse (f)	तश्तरी (f)	tashtarī

Schnapsglas (n)	जाम (m)	jām
Glas (n)	गिलास (m)	gilās
Tasse (f)	प्याला (m)	pyāla

Zuckerdose (f)	चीनीदानी (f)	chīnīdānī
Salzstreuer (m)	नमकदानी (m)	namakadānī
Pfefferstreuer (m)	मिर्चदानी (f)	mirchadānī
Butterdose (f)	मक्खनदानी (f)	makkhanadānī

Kochtopf (m)	सॉसपैन (m)	sosapain
Pfanne (f)	फ़्राइ पैन (f)	frai pain
Schöpflöffel (m)	डोई (f)	doī
Durchschlag (m)	कालेन्डर (m)	kālendar
Tablett (n)	थाली (m)	thālī

Flasche (f)	बोतल (f)	botal
Glas (Einmachglas)	शीशी (f)	shīshī
Dose (f)	डिब्बा (m)	dibba

Flaschenöffner (m)	बोतल ओपनर (m)	botal opanar
Dosenöffner (m)	ओपनर (m)	opanar
Korkenzieher (m)	पेंचकस (m)	penchakas
Filter (n)	फ़िल्टर (m)	filtar
filtern (vt)	फ़िल्टर करना	filtar karana

| Müll (m) | कूड़ा (m) | kūra |
| Mülleimer, Treteimer (m) | कूड़े की बाल्टी (f) | kūre kī bāltī |

72. Bad

Badezimmer (n)	स्नानघर (m)	snānaghar
Wasser (n)	पानी (m)	pānī
Wasserhahn (m)	नल (m)	nal
Warmwasser (n)	गरम पानी (m)	garam pānī
Kaltwasser (n)	ठंडा पानी (m)	thanda pānī

| Zahnpasta (f) | टूथपेस्ट (m) | tūthapest |
| Zähne putzen | दांत ब्रश करना | dānt brash karana |

sich rasieren	शेव करना	shev karana
Rasierschaum (m)	शेविंग फ़ोम (m)	sheving fom
Rasierer (m)	रेज़र (f)	rezar

waschen (vt)	धोना	dhona
sich waschen	नहाना	nahāna
Dusche (f)	शावर (m)	shāvar
sich duschen	शावर लेना	shāvar lena

| Badewanne (f) | बाथटब (m) | bāthatab |
| Klosettbecken (n) | संडास (m) | sandās |

Waschbecken (n)	सिंक (m)	sink
Seife (f)	साबुन (m)	sābun
Seifenschale (f)	साबुनदानी (f)	sābunadānī

Schwamm (m)	स्पंज (f)	spanj
Shampoo (n)	शैम्पू (m)	shaimpū
Handtuch (n)	तौलिया (f)	tauliya
Bademantel (m)	चोगा (m)	choga

Wäsche (f)	धुलाई (f)	dhulaī
Waschmaschine (f)	वॉशिंग मशीन (f)	voshing mashīn
waschen (vt)	कपड़े धोना	kapare dhona
Waschpulver (n)	कपड़े धोने का पाउडर (m)	kapare dhone ka paudar

73. Haushaltsgeräte

Fernseher (m)	टीवी सेट (m)	tīvī set
Tonbandgerät (n)	टेप रिकार्डर (m)	tep rikārdar
Videorekorder (m)	वीडियो टेप रिकार्डर (m)	vīdiyo tep rikārdar
Empfänger (m)	रेडियो (m)	rediyo
Player (m)	प्लेयर (m)	pleyar

Videoprojektor (m)	वीडियो प्रोजेक्टर (m)	vīdiyo projektar
Heimkino (n)	होम थीएटर (m)	hom thīetar
DVD-Player (m)	डीवीडी प्लेयर (m)	dīvīdī pleyar
Verstärker (m)	ध्वनि-विस्तारक (m)	dhvani-vistārak
Spielkonsole (f)	वीडियो गेम कन्सोल (m)	vīdiyo gem kansol

Videokamera (f)	वीडियो कैमरा (m)	vīdiyo kaimara
Kamera (f)	कैमरा (m)	kaimara
Digitalkamera (f)	डीजिटल कैमरा (m)	dījital kaimara

Staubsauger (m)	वैक्यूम क्लीनर (m)	vaikyūm klīnar
Bügeleisen (n)	इस्तरी (f)	istarī
Bügelbrett (n)	इस्तरी तख्ता (m)	istarī takhta

Telefon (n)	टेलीफ़ोन (m)	telīfon
Mobiltelefon (n)	मोबाइल फ़ोन (m)	mobail fon
Schreibmaschine (f)	टाइपराइटर (m)	taiparaitar
Nähmaschine (f)	सिलाई मशीन (f)	silaī mashīn

Mikrophon (n)	माइक्रोफ़ोन (m)	maikrofon
Kopfhörer (m)	हैडफ़ोन (m pl)	hairafon
Fernbedienung (f)	रिमोट (m)	rimot

CD (f)	सीडी (m)	sīdī
Kassette (f)	कैसेट (f)	kaiset
Schallplatte (f)	रिकार्ड (m)	rikārd

DIE ERDE. WETTER

74. Weltall

Kosmos (m)	अंतरिक्ष (m)	antariksh
kosmisch, Raum-	अंतरिक्षीय	antarikshīy
Weltraum (m)	अंतरिक्ष (m)	antariksh
All (n), Universum (n)	ब्रह्माण्ड (m)	brahmānd
Galaxie (f)	आकाशगंगा (f)	ākāshaganga
Stern (m)	सितारा (m)	sitāra
Gestirn (n)	नक्षत्र (m)	nakshatr
Planet (m)	ग्रह (m)	grah
Satellit (m)	उपग्रह (m)	upagrah
Meteorit (m)	उल्का पिंड (m)	ulka pind
Komet (m)	पुच्छल तारा (m)	puchchhal tāra
Asteroid (m)	ग्रहिका (f)	grahika
Umlaufbahn (f)	ग्रहपथ (m)	grahapath
sich drehen	चक्कर लगना	chakkar lagana
Atmosphäre (f)	वातावरण (m)	vātāvaran
Sonne (f)	सूरज (m)	sūraj
Sonnensystem (n)	सौर प्रणाली (f)	saur pranālī
Sonnenfinsternis (f)	सूर्य ग्रहण (m)	sūry grahan
Erde (f)	पृथ्वी (f)	prthvī
Mond (m)	चाँद (m)	chānd
Mars (m)	मंगल (m)	mangal
Venus (f)	शुक्र (m)	shukr
Jupiter (m)	बृहस्पति (m)	brhaspati
Saturn (m)	शनि (m)	shani
Merkur (m)	बुध (m)	budh
Uran (m)	अरुण (m)	arun
Neptun (m)	वरुण (m)	varūn
Pluto (m)	प्लूटो (m)	plūto
Milchstraße (f)	आकाश गंगा (f)	ākāsh ganga
Der Große Bär	सप्तर्षिमंडल (m)	saptarshimandal
Polarstern (m)	ध्रुव तारा (m)	dhruv tāra
Marsbewohner (m)	मंगल ग्रह का निवासी (m)	mangal grah ka nivāsī
Außerirdischer (m)	अन्य नक्षत्र का निवासी (m)	any nakshatr ka nivāsī
außerirdisches Wesen (n)	अन्य नक्षत्र का निवासी (m)	any nakshatr ka nivāsī
fliegende Untertasse (f)	उड़न तश्तरी (f)	uran tashtarī
Raumschiff (n)	अंतरिक्ष विमान (m)	antariksh vimān
Raumstation (f)	अंतरिक्ष अड्डा (m)	antariksh adda

Raketenstart (m)	चालू करना (m)	chālū karana
Triebwerk (n)	इंजन (m)	injan
Düse (f)	नोज़ल (m)	nozal
Treibstoff (m)	ईंधन (m)	īndhan

Kabine (f)	केबिन (m)	kebin
Antenne (f)	एरियल (m)	eriyal
Bullauge (n)	विमान गवाक्ष (m)	vimān gavāksh
Sonnenbatterie (f)	सौर पेनल (m)	saur penal
Raumanzug (m)	अंतरिक्ष पोशाक (m)	antariksh poshāk

| Schwerelosigkeit (f) | भारहीनता (m) | bhārahīnata |
| Sauerstoff (m) | आक्सीजन (m) | āksījan |

| Ankopplung (f) | डॉकिंग (f) | doking |
| koppeln (vi) | डॉकिंग करना | doking karana |

Observatorium (n)	वेधशाला (m)	vedhashāla
Teleskop (n)	दूरबीन (f)	dūrabīn
beobachten (vt)	देखना	dekhana
erforschen (vt)	जाँचना	jānchana

75. Die Erde

Erde (f)	पृथ्वी (f)	prthvī
Erdkugel (f)	गोला (m)	gola
Planet (m)	ग्रह (m)	grah

Atmosphäre (f)	वातावरण (m)	vātāvaran
Geographie (f)	भूगोल (m)	bhūgol
Natur (f)	प्रकृति (f)	prakrti

Globus (m)	गोलक (m)	golak
Landkarte (f)	नक्शा (m)	naksha
Atlas (m)	मानचित्रावली (f)	mānachitrāvalī

Europa (n)	यूरोप (m)	yūrop
Asien (n)	एशिया (f)	eshiya
Afrika (n)	अफ्रीका (m)	afrīka
Australien (n)	ऑस्ट्रेलिया (m)	ostreliya

Amerika (n)	अमेरिका (f)	amerika
Nordamerika (n)	उत्तरी अमेरिका (f)	uttarī amerika
Südamerika (n)	दक्षिणी अमेरिका (f)	dakshinī amerika

| Antarktis (f) | अंटार्कटिक (m) | antārkatik |
| Arktis (f) | आर्कटिक (m) | ārkatik |

76. Himmelsrichtungen

| Norden (m) | उत्तर (m) | uttar |
| nach Norden | उत्तर की ओर | uttar kī or |

| im Norden | उत्तर में | uttar men |
| nördlich | उत्तरी | uttarī |

Süden (m)	दक्षिण (m)	dakshin
nach Süden	दक्षिण की ओर	dakshin kī or
im Süden	दक्षिण में	dakshin men
südlich	दक्षिणी	dakshinī

Westen (m)	पश्चिम (m)	pashchim
nach Westen	पश्चिम की ओर	pashchim kī or
im Westen	पश्चिम में	pashchim men
westlich, West-	पश्चिमी	pashchimī

Osten (m)	पूर्व (m)	pūrv
nach Osten	पूर्व की ओर	pūrv kī or
im Osten	पूर्व में	pūrv men
östlich	पूर्वी	pūrvī

77. Meer. Ozean

Meer (n), See (f)	सागर (m)	sāgar
Ozean (m)	महासागर (m)	mahāsāgar
Golf (m)	खाड़ी (f)	khārī
Meerenge (f)	जलग्रीवा (m)	jalagrīva

Kontinent (m)	महाद्वीप (m)	mahādvīp
Insel (f)	द्वीप (m)	dvīp
Halbinsel (f)	प्रायद्वीप (m)	prāyadvīp
Archipel (m)	द्वीप समूह (m)	dvīp samūh

Bucht (f)	तट-खाड़ी (f)	tat-khārī
Hafen (m)	बंदरगाह (m)	bandaragāh
Lagune (f)	लैगून (m)	laigūn
Kap (n)	अंतरीप (m)	antarīp

Atoll (n)	एटोल (m)	etol
Riff (n)	रीफ़ (m)	rīf
Koralle (f)	प्रवाल (m)	pravāl
Korallenriff (n)	प्रवाल रीफ़ (m)	pravāl rīf

tief (Adj)	गहरा	gahara
Tiefe (f)	गहराई (f)	gaharaī
Abgrund (m)	रसातल (m)	rasātal
Graben (m)	गढ़ा (m)	garha

| Strom (m) | धारा (f) | dhāra |
| umspülen (vt) | घिरा होना | ghira hona |

| Ufer (n) | किनारा (m) | kināra |
| Küste (f) | तटबंध (m) | tatabandh |

Flut (f)	ज्वार (m)	jvār
Ebbe (f)	भाटा (m)	bhāta
Sandbank (f)	रेती (m)	retī

Boden (m)	तला (m)	tala
Welle (f)	तरंग (f)	tarang
Wellenkamm (m)	तरंग शिखर (f)	tarang shikhar
Schaum (m)	झाग (m)	jhāg

Orkan (m)	तुफ़ान (m)	tufān
Tsunami (m)	सुनामी (f)	sunāmī
Windstille (f)	शांत (m)	shānt
ruhig	शांत	shānt

| Pol (m) | धुव (m) | dhruv |
| Polar- | धुवीय | dhruvīy |

Breite (f)	अक्षांश (m)	akshānsh
Länge (f)	देशान्तर (m)	deshāntar
Breitenkreis (m)	समांतर-रेखा (f)	samāntar-rekha
Äquator (m)	भूमध्य रेखा (f)	bhūmadhy rekha

Himmel (m)	आकाश (f)	ākāsh
Horizont (m)	क्षितिज (m)	kshitij
Luft (f)	हवा (f)	hava

Leuchtturm (m)	प्रकाशस्तंभ (m)	prakāshastambh
tauchen (vi)	गोता मारना	gota mārana
versinken (vi)	डूब जाना	dūb jāna
Schätze (pl)	ख़ज़ाना (m)	khazāna

78. Namen der Meere und Ozeane

Atlantischer Ozean (m)	अटलांटिक महासागर (m)	atalāntik mahāsāgar
Indischer Ozean (m)	हिन्द महासागर (m)	hind mahāsāgar
Pazifischer Ozean (m)	प्रशांत महासागर (m)	prashānt mahāsāgar
Arktischer Ozean (m)	उत्तरी धुव महासागर (m)	uttarī dhuv mahāsāgar

Schwarzes Meer (n)	काला सागर (m)	kāla sāgar
Rotes Meer (n)	लाल सागर (m)	lāl sāgar
Gelbes Meer (n)	पीला सागर (m)	pīla sāgar
Weißes Meer (n)	सफ़ेद सागर (m)	safed sāgar

Kaspisches Meer (n)	कैस्पियन सागर (m)	kaispiyan sāgar
Totes Meer (n)	मृत सागर (m)	mrt sāgar
Mittelmeer (n)	भूमध्य सागर (m)	bhūmadhy sāgar

| Ägäisches Meer (n) | ईजियन सागर (m) | ījiyan sāgar |
| Adriatisches Meer (n) | एड्रिएटिक सागर (m) | edrietik sāgar |

Arabisches Meer (n)	अरब सागर (m)	arab sāgar
Japanisches Meer (n)	जापान सागर (m)	jāpān sāgar
Beringmeer (n)	बेरिंग सागर (m)	bering sāgar
Südchinesisches Meer (n)	दक्षिण चीन सागर (m)	dakshin chīn sāgar

Korallenmeer (n)	कोरल सागर (m)	koral sāgar
Tasmansee (f)	तस्मान सागर (m)	tasmān sāgar
Karibisches Meer (n)	करिबियन सागर (m)	karibiyan sāgar

| Barentssee (f) | बैरेंट्स सागर (m) | bairents sāgar |
| Karasee (f) | काड़ा सागर (m) | kāra sāgar |

Nordsee (f)	उत्तर सागर (m)	uttar sāgar
Ostsee (f)	बाल्टिक सागर (m)	bāltik sāgar
Nordmeer (n)	नार्वे सागर (m)	nārve sāgar

79. Berge

Berg (m)	पहाड़ (m)	pahār
Gebirgskette (f)	पर्वत माला (f)	parvat māla
Bergrücken (m)	पहाड़ों का सिलसिला (m)	pahāron ka silasila

| Gipfel (m) | चोटी (f) | chotī |
| Spitze (f) | शिखर (m) | shikhar |

| Bergfuß (m) | तलहटी (f) | talahatī |
| Abhang (m) | ढलान (f) | dhalān |

Vulkan (m)	ज्वालामुखी (m)	jvālāmukhī
tätiger Vulkan (m)	सक्रिय ज्वालामुखी (m)	sakriy jvālāmukhī
schlafender Vulkan (m)	निष्क्रिय ज्वालामुखी (m)	nishkriy jvālāmukhī

Ausbruch (m)	विस्फोटन (m)	visfotan
Krater (m)	ज्वालामुखी का मुख (m)	jvālāmukhī ka mukh
Magma (n)	मैग्मा (m)	maigma

| Lava (f) | लावा (m) | lāva |
| glühend heiß (-e Lava) | पिघला हुआ | pighala hua |

Cañon (m)	घाटी (m)	ghātī
Schlucht (f)	तंग घाटी (f)	tang ghātī
Spalte (f)	दरार (m)	darār

| Gebirgspass (m) | मार्ग (m) | mārg |
| Plateau (n) | पठार (m) | pathār |

| Fels (m) | शिला (f) | shila |
| Hügel (m) | टीला (m) | tīla |

| Gletscher (m) | हिमनद (m) | himanad |
| Wasserfall (m) | झरना (m) | jharana |

| Geiser (m) | उष्ण जल स्रोत (m) | ushn jal srot |
| See (m) | तालाब (m) | tālāb |

Ebene (f)	समतल प्रदेश (m)	samatal pradesh
Landschaft (f)	परिदृश्य (m)	paridrshy
Echo (n)	गूँज (f)	gūnj

Bergsteiger (m)	पर्वतारोही (m)	parvatārohī
Kletterer (m)	पर्वतारोही (m)	parvatārohī
bezwingen (vt)	चोटी पर पहुँचना	chotī par pahunchana
Aufstieg (m)	चढ़ाव (m)	charhāv

80. Namen der Berge

Alpen (pl)	आल्पस (m)	ālpas
Montblanc (m)	मोन्ट ब्लैंक (m)	mont blaink
Pyrenäen (pl)	पाइरीनीज़ (f pl)	pairīnīz
Karpaten (pl)	कार्पाथियेन्स (m)	kārpāthiyens
Uralgebirge (n)	यूरल (m)	yūral
Kaukasus (m)	कोकेशिया के पहाड़ (m)	kokeshiya ke pahār
Elbrus (m)	एल्ब्रस पर्वत (m)	elbras parvat
Altai (m)	अल्टाई पर्वत (m)	altaī parvat
Tian Shan (m)	तियान शान (m)	tiyān shān
Pamir (m)	पामीर पर्वत (m)	pāmīr parvat
Himalaja (m)	हिमालय (m)	himālay
Everest (m)	माउंट एवरेस्ट (m)	maunt evarest
Anden (pl)	एंडीज़ (f pl)	endīz
Kilimandscharo (m)	किलीमन्जारो (m)	kilīmanjāro

81. Flüsse

Fluss (m)	नदी (f)	nadī
Quelle (f)	झरना (m)	jharana
Flussbett (n)	नदी तल (m)	nadī tal
Stromgebiet (n)	बेसिन (m)	besin
einmünden in …	गिरना	girana
Nebenfluss (m)	उपनदी (f)	upanadī
Ufer (n)	तट (m)	tat
Strom (m)	धारा (f)	dhāra
stromabwärts	बहाव के साथ	bahāv ke sāth
stromaufwärts	बहाव के विरुद्ध	bahāv ke virūddh
Überschwemmung (f)	बाढ़ (f)	bārh
Hochwasser (n)	बाढ़ (f)	bārh
aus den Ufern treten	उमड़ना	umarana
überfluten (vt)	पानी से भरना	pānī se bharana
Sandbank (f)	छिछला पानी (m)	chhichhala pānī
Stromschnelle (f)	तेज़ उतार (m)	tez utār
Damm (m)	बांध (m)	bāndh
Kanal (m)	नहर (f)	nahar
Stausee (m)	जलाशय (m)	jalāshay
Schleuse (f)	स्लूस (m)	slūs
Gewässer (n)	जल स्रोत (m)	jal srot
Sumpf (m), Moor (n)	दलदल (f)	daladal
Marsch (f)	दलदल (f)	daladal
Strudel (m)	भंवर (m)	bhanvar
Bach (m)	झरना (m)	jharana

Trink- (z.B. Trinkwasser)	पीने का	pīne ka
Süß- (Wasser)	ताज़ा	tāza
Eis (n)	बर्फ़ (m)	barf
zufrieren (vi)	जम जाना	jam jāna

82. Namen der Flüsse

Seine (f)	सीन (f)	sīn
Loire (f)	लॉयर (f)	loyar
Themse (f)	थेम्स (f)	thems
Rhein (m)	राइन (f)	rain
Donau (f)	डेन्यूब (f)	denyūb
Wolga (f)	वोल्गा (f)	volga
Don (m)	डॉन (f)	don
Lena (f)	लेना (f)	lena
Gelber Fluss (m)	ह्वांग हे (f)	hvāng he
Jangtse (m)	यांग्त्ज़ी (f)	yāngtzī
Mekong (m)	मेकांग (f)	mekāng
Ganges (m)	गंगा (f)	ganga
Nil (m)	नील (f)	nīl
Kongo (m)	कांगो (f)	kāngo
Okavango (m)	ओकावान्गो (f)	okāvāngo
Sambesi (m)	ज़म्बेज़ी (f)	zambezī
Limpopo (m)	लिम्पोपो (f)	limpopo
Mississippi (m)	मिसिसिपी (f)	misisipī

83. Wald

Wald (m)	जंगल (m)	jangal
Wald-	जंगली	jangalī
Dickicht (n)	घना जंगल (m)	ghana jangal
Gehölz (n)	उपवान (m)	upavān
Lichtung (f)	खुला छोटा मैदान (m)	khula chhota maidān
Dickicht (n)	झाड़ियाँ (f pl)	jhāriyān
Gebüsch (n)	झाड़ियों भरा मैदान (m)	jhāriyon bhara maidān
Fußweg (m)	फुटपाथ (m)	futapāth
Erosionsrinne (f)	नाली (f)	nālī
Baum (m)	पेड़ (m)	per
Blatt (n)	पत्ता (m)	patta
Laub (n)	पत्तियां (f)	pattiyān
Laubfall (m)	पतझड़ (m)	patajhar
fallen (Blätter)	गिरना	girana

Wipfel (m)	शिखर (m)	shikhar
Zweig (m)	टहनी (f)	tahanī
Ast (m)	शाखा (f)	shākha
Knospe (f)	कलिका (f)	kalika
Nadel (f)	सुई (f)	suī
Zapfen (m)	शंकुफल (m)	shankufal

Höhlung (f)	खोखला (m)	khokhala
Nest (n)	घोंसला (m)	ghonsala
Höhle (f)	बिल (m)	bil

Stamm (m)	तना (m)	tana
Wurzel (f)	जड़ (f)	jar
Rinde (f)	छाल (f)	chhāl
Moos (n)	काई (f)	kaī

entwurzeln (vt)	उखाड़ना	ukhārana
fällen (vt)	काटना	kātana
abholzen (vt)	जंगल काटना	jangal kātana
Baumstumpf (m)	ठूंठ (m)	thūnth

Lagerfeuer (n)	अलाव (m)	alāv
Waldbrand (m)	जंगल की आग (f)	jangal kī āg
löschen (vt)	आग बुझाना	āg bujhāna

Förster (m)	वनरक्षक (m)	vanarakshak
Schutz (m)	रक्षा (f)	raksha
beschützen (vt)	रक्षा करना	raksha karana
Wilddieb (m)	चोर शिकारी (m)	chor shikārī
Falle (f)	फंदा (m)	fanda

| sammeln, pflücken (vt) | बटोरना | batorana |
| sich verirren | रास्ता भूलना | rāsta bhūlana |

84. natürliche Lebensgrundlagen

Naturressourcen (pl)	प्राकृतिक संसाधन (m pl)	prākrtik sansādhan
Bodenschätze (pl)	खनिज पदार्थ (m pl)	khanij padārth
Vorkommen (n)	तह (f pl)	tah
Feld (Ölfeld usw.)	क्षेत्र (m)	kshetr

gewinnen (vt)	खोदना	khodana
Gewinnung (f)	खनिकर्म (m)	khanikarm
Erz (n)	अयस्क (m)	ayask
Bergwerk (n)	खान (f)	khān
Schacht (m)	शैफ्ट (m)	shaifat
Bergarbeiter (m)	खनिक (m)	khanik

| Erdgas (n) | गैस (m) | gais |
| Gasleitung (f) | गैस पाइप लाइन (m) | gais paip lain |

Erdöl (n)	पेट्रोल (m)	petrol
Erdölleitung (f)	तेल पाइप लाइन (m)	tel paip lain
Ölquelle (f)	तेल का कुँआ (m)	tel ka kuna

Bohrturm (m)	डेरिक (m)	derik
Tanker (m)	टैंकर (m)	tainkar
Sand (m)	रेत (m)	ret
Kalkstein (m)	चूना पत्थर (m)	chūna patthar
Kies (m)	बजरी (f)	bajarī
Torf (m)	पीट (m)	pīt
Ton (m)	मिट्टी (f)	mittī
Kohle (f)	कोयला (m)	koyala
Eisen (n)	लोहा (m)	loha
Gold (n)	सोना (m)	sona
Silber (n)	चाँदी (f)	chāndī
Nickel (n)	गिलट (m)	gilat
Kupfer (n)	ताँबा (m)	tānba
Zink (n)	जस्ता (m)	jasta
Mangan (n)	अयस (m)	ayas
Quecksilber (n)	पारा (f)	pāra
Blei (n)	सीसा (f)	sīsa
Mineral (n)	खनिज (m)	khanij
Kristall (m)	क्रिस्टल (m)	kristal
Marmor (m)	संगमरमर (m)	sangamaramar
Uran (n)	यूरेनियम (m)	yūreniyam

85. Wetter

Wetter (n)	मौसम (m)	mausam
Wetterbericht (m)	मौसम का पूर्वानुमान (m)	mausam ka pūrvānumān
Temperatur (f)	तापमान (m)	tāpamān
Thermometer (n)	थर्मामीटर (m)	tharmāmītar
Barometer (n)	बैरोमीटर (m)	bairomītar
Feuchtigkeit (f)	नमी (f)	namī
Hitze (f)	गरमी (f)	garamī
glutheiß	गरम	garam
ist heiß	गरमी है	garamī hai
ist warm	गरम है	garam hai
warm (Adj)	गरम	garam
ist kalt	ठंडक है	thandak hai
kalt (Adj)	ठंडा	thanda
Sonne (f)	सूरज (m)	sūraj
scheinen (vi)	चमकना	chamakana
sonnig (Adj)	धूपदार	dhūpadār
aufgehen (vi)	उगना	ugana
untergehen (vi)	डूबना	dūbana
Wolke (f)	बादल (m)	bādal
bewölkt, wolkig	मेघाच्छादित	meghāchchhādit
Regenwolke (f)	घना बादल (m)	ghana bādal

trüb (-er Tag)	बदली	badalī
Regen (m)	बारिश (f)	bārish
Es regnet	बारिश हो रही है	bārish ho rahī hai
regnerisch (-er Tag)	बरसाती	barasātī
nieseln (vi)	बूँदाबांदी होना	būndābāndī hona
strömender Regen (m)	मूसलधार बारिश (f)	mūsaladhār bārish
Regenschauer (m)	मूसलधार बारिश (f)	mūsaladhār bārish
stark (-er Regen)	भारी	bhārī
Pfütze (f)	पोखर (m)	pokhar
nass werden (vi)	भीगना	bhīgana
Nebel (m)	कुहरा (m)	kuhara
neblig (-er Tag)	कुहरेदार	kuharedār
Schnee (m)	बर्फ़ (f)	barf
Es schneit	बर्फ़ पड़ रही है	barf par rahī hai

86. Unwetter Naturkatastrophen

Gewitter (n)	गरजवाला तुफ़ान (m)	garajavāla tufān
Blitz (m)	बिजली (m)	bijalī
blitzen (vi)	चमकना	chamakana
Donner (m)	गरज (m)	garaj
donnern (vi)	बादल गरजना	bādal garajana
Es donnert	बादल गरज रहा है	bādal garaj raha hai
Hagel (m)	ओला (m)	ola
Es hagelt	ओले पड़ रहे हैं	ole par rahe hain
überfluten (vt)	बाढ़ आ जाना	bārh ā jāna
Überschwemmung (f)	बाढ़ (f)	bārh
Erdbeben (n)	भूकंप (m)	bhūkamp
Erschütterung (f)	झटका (m)	jhataka
Epizentrum (n)	अधिकेंद्र (m)	adhikendr
Ausbruch (m)	उद्गार (m)	udgār
Lava (f)	लावा (m)	lāva
Wirbelsturm (m)	बवंडर (m)	bavandar
Tornado (m)	टोर्नेडो (m)	tornedo
Taifun (m)	रतूफ़ान (m)	ratūfān
Orkan (m)	समुद्री तूफ़ान (m)	samudrī tūfān
Sturm (m)	तूफ़ान (m)	tufān
Tsunami (m)	सुनामी (f)	sunāmī
Zyklon (m)	चक्रवात (m)	chakravāt
Unwetter (n)	ख़राब मौसम (m)	kharāb mausam
Brand (m)	आग (f)	āg
Katastrophe (f)	प्रलय (m)	pralay
Meteorit (m)	उल्का पिंड (m)	ulka pind
Lawine (f)	हिमस्खलन (m)	himaskhalan

Schneelawine (f)	हिमस्खलन (m)	himaskhalan
Schneegestöber (n)	बर्फ़ का तुफ़ान (m)	barf ka tufān
Schneesturm (m)	बर्फ़ीला तुफ़ान (m)	barfila tufān

FAUNA

87. Säugetiere. Raubtiere

Raubtier (n)	परभक्षी (m)	parabhakshī
Tiger (m)	बाघ (m)	bāgh
Löwe (m)	शेर (m)	sher
Wolf (m)	भेड़िया (m)	bheriya
Fuchs (m)	लोमड़ी (f)	lomri
Jaguar (m)	जागुआर (m)	jāguār
Leopard (m)	तेंदुआ (m)	tendua
Gepard (m)	चीता (m)	chīta
Panther (m)	काला तेंदुआ (m)	kāla tendua
Puma (m)	पहाड़ी बिलाव (m)	pahādī bilāv
Schneeleopard (m)	हिम तेंदुआ (m)	him tendua
Luchs (m)	वन बिलाव (m)	van bilāv
Kojote (m)	कोयोट (m)	koyot
Schakal (m)	गीदड़ (m)	gīdar
Hyäne (f)	लकड़बग्घा (m)	lakarabaggha

88. Tiere in freier Wildbahn

Tier (n)	जानवर (m)	jānavar
Bestie (f)	जानवर (m)	jānavar
Eichhörnchen (n)	गिलहरी (f)	gilaharī
Igel (m)	कांटा-चूहा (m)	kānta-chūha
Hase (m)	खरगोश (m)	kharagosh
Kaninchen (n)	खरगोश (m)	kharagosh
Dachs (m)	बिज्जू (m)	bijjū
Waschbär (m)	रैकून (m)	raikūn
Hamster (m)	हैम्स्टर (m)	haimstar
Murmeltier (n)	मारमोट (m)	māramot
Maulwurf (m)	छछूंदर (m)	chhachhūndar
Maus (f)	चूहा (m)	chūha
Ratte (f)	घूस (m)	ghūs
Fledermaus (f)	चमगादड़ (m)	chamagādar
Hermelin (n)	नेवला (m)	nevala
Zobel (m)	सेबल (m)	sebal
Marder (m)	मारटेन (m)	māraten
Wiesel (n)	नेवला (m)	nevala
Nerz (m)	मिंक (m)	mink

Biber (m)	ऊदबिलाव (m)	ūdabilāv
Fischotter (m)	ऊदबिलाव (m)	ūdabilāv
Pferd (n)	घोड़ा (m)	ghora
Elch (m)	मूस (m)	mūs
Hirsch (m)	हिरण (m)	hiran
Kamel (n)	ऊंट (m)	ūnt
Bison (m)	बाइसन (m)	baisan
Wisent (m)	जंगली बैल (m)	jangalī bail
Büffel (m)	भैंस (m)	bhains
Zebra (n)	ज़ेबरा (m)	zebara
Antilope (f)	मृग (f)	mrg
Reh (n)	मृगनी (f)	mrgnī
Damhirsch (m)	चीतल (m)	chītal
Gämse (f)	शैमी (f)	shaimī
Wildschwein (n)	जंगली सुआर (m)	jangalī suār
Wal (m)	ह्वेल (f)	hvel
Seehund (m)	सील (m)	sīl
Walroß (n)	वॉलरस (m)	volaras
Seebär (m)	फर सील (f)	far sīl
Delfin (m)	डॉल्फ़िन (f)	dolafin
Bär (m)	रीछ (m)	rīchh
Eisbär (m)	सफ़ेद रीछ (m)	safed rīchh
Panda (m)	पांडा (m)	pānda
Affe (m)	बंदर (m)	bandar
Schimpanse (m)	वनमानुष (m)	vanamānush
Orang-Utan (m)	वनमानुष (m)	vanamānush
Gorilla (m)	गोरिला (m)	gorila
Makak (m)	अफ़्रिकन लंगूर (m)	afrikan langūr
Gibbon (m)	गिब्बन (m)	gibban
Elefant (m)	हाथी (m)	hāthī
Nashorn (n)	गैंडा (m)	gainda
Giraffe (f)	जिराफ़ (m)	jirāf
Flusspferd (n)	दरियाई घोड़ा (m)	dariyaī ghora
Känguru (n)	कंगारू (m)	kangārū
Koala (m)	कोआला (m)	koāla
Manguste (f)	नेवला (m)	nevala
Chinchilla (n)	चिनचीला (f)	chinachīla
Stinktier (n)	स्कंक (m)	skank
Stachelschwein (n)	शल्यक (f)	shalyak

89. Haustiere

Katze (f)	बिल्ली (f)	billī
Kater (m)	बिल्ला (m)	billa
Hund (m)	कुत्ता (m)	kutta

Pferd (n)	घोड़ा (m)	ghora
Hengst (m)	घोड़ा (m)	ghora
Stute (f)	घोड़ी (f)	ghorī
Kuh (f)	गाय (f)	gāy
Stier (m)	बैल (m)	bail
Ochse (m)	बैल (m)	bail
Schaf (n)	भेड़ (f)	bher
Widder (m)	भेड़ा (m)	bhera
Ziege (f)	बकरी (f)	bakarī
Ziegenbock (m)	बकरा (m)	bakara
Esel (m)	गधा (m)	gadha
Maultier (n)	खच्चर (m)	khachchar
Schwein (n)	सुअर (m)	suar
Ferkel (n)	घेंटा (m)	ghenta
Kaninchen (n)	खरगोश (m)	kharagosh
Huhn (n)	मुर्गी (f)	murgī
Hahn (m)	मुर्गा (m)	murga
Ente (f)	बतख़ (f)	battakh
Enterich (m)	नर बतख़ (m)	nar battakh
Gans (f)	हंस (m)	hans
Puter (m)	नर टर्की (m)	nar tarkī
Pute (f)	टर्की (f)	tarkī
Haustiere (pl)	घरेलू पशु (m pl)	gharelū pashu
zahm	पालतू	pālatū
zähmen (vt)	पालतू बनाना	pālatū banāna
züchten (vt)	पालना	pālana
Farm (f)	खेत (m)	khet
Geflügel (n)	मुर्गी पालन (f)	murgī pālan
Vieh (n)	मवेशी (m)	maveshī
Herde (f)	पशु समूह (m)	pashu samūh
Pferdestall (m)	अस्तबल (m)	astabal
Schweinestall (m)	सूअरखाना (m)	sūarakhāna
Kuhstall (m)	गोशाला (f)	goshāla
Kaninchenstall (m)	खरगोश का दरबा (m)	kharagosh ka daraba
Hühnerstall (m)	मुर्गीख़ाना (m)	murgīkhāna

90. Vögel

Vogel (m)	चिड़िया (f)	chiriya
Taube (f)	कबूतर (m)	kabūtar
Spatz (m)	गौरैया (f)	gauraiya
Meise (f)	टिटरी (f)	titarī
Elster (f)	नीलकण्ठ पक्षी (f)	nīlakanth pakshī
Rabe (m)	काला कौआ (m)	kāla kaua

Krähe (f)	कौआ (m)	kaua
Dohle (f)	कौआ (m)	kaua
Saatkrähe (f)	कौआ (m)	kaua
Ente (f)	बत्ख़ (f)	battakh
Gans (f)	हंस (m)	hans
Fasan (m)	तीतर (m)	tītar
Adler (m)	चील (f)	chīl
Habicht (m)	बाज़ (m)	bāz
Falke (m)	बाज़ (m)	bāz
Greif (m)	गिद्ध (m)	giddh
Kondor (m)	कॉन्डोर (m)	kondor
Schwan (m)	राजहंस (m)	rājahans
Kranich (m)	सारस (m)	sāras
Storch (m)	लकलक (m)	lakalak
Papagei (m)	तोता (m)	tota
Kolibri (m)	हमिंग बर्ड (f)	haming bard
Pfau (m)	मोर (m)	mor
Strauß (m)	शुतुरमुर्ग (m)	shuturamurg
Reiher (m)	बगुला (m)	bagula
Flamingo (m)	फ्लेमिन्गो (m)	flemingo
Pelikan (m)	हवासिल (m)	havāsil
Nachtigall (f)	बुलबुल (m)	bulabul
Schwalbe (f)	अबाबील (f)	abābīl
Drossel (f)	मुखव्रण (f)	mukhavran
Singdrossel (f)	मुखव्रण (f)	mukhavran
Amsel (f)	ब्लैकबर्ड (m)	blaikabard
Segler (m)	बतासी (f)	batāsī
Lerche (f)	भरत (m)	bharat
Wachtel (f)	वर्तक (m)	varttak
Specht (m)	कठफोड़ा (m)	kathafora
Kuckuck (m)	कोयल (f)	koyal
Eule (f)	उल्लू (m)	ullū
Uhu (m)	गरूड़ उल्लू (m)	garūr ullū
Auerhahn (m)	तीतर (m)	tītar
Birkhahn (m)	काला तीतर (m)	kāla tītar
Rebhuhn (n)	चकोर (m)	chakor
Star (m)	तिलिया (f)	tiliya
Kanarienvogel (m)	कनारी (f)	kanārī
Haselhuhn (n)	पिंगल तीतर (m)	pingal tītar
Buchfink (m)	फ़िंच (m)	finch
Gimpel (m)	बुलफ़िंच (m)	bulafinch
Möwe (f)	गंगा-चिल्ली (f)	ganga-chillī
Albatros (m)	अल्बात्रोस (m)	albātros
Pinguin (m)	पेंगुइन (m)	penguin

91. Fische. Meerestiere

Brachse (f)	ब्रीम (f)	brīm
Karpfen (m)	कार्प (f)	kārp
Barsch (m)	पर्च (f)	parch
Wels (m)	कैटफिश (f)	kaitafish
Hecht (m)	पाइक (f)	paik

| Lachs (m) | सैल्मन (f) | sailman |
| Stör (m) | स्टर्जन (f) | starjan |

Hering (m)	हेरिंग (f)	hering
atlantische Lachs (m)	अटलांटिक सैल्मन (f)	atalāntik sailman
Makrele (f)	माक्रैल (f)	mākrail
Scholle (f)	फ्लैटफ़िश (f)	flaitafish

Zander (m)	पाइक पर्च (f)	paik parch
Dorsch (m)	कॉड (f)	kod
Tunfisch (m)	टूना (f)	tūna
Forelle (f)	ट्राउट (f)	traut

Aal (m)	सर्पमीन (f)	sarpamīn
Zitterrochen (m)	विद्युत शंकुश (f)	vidyut shankush
Muräne (f)	मोरे सर्पमीन (f)	more sarpamīn
Piranha (m)	पिरान्हा (f)	pirānha

Hai (m)	शार्क (f)	shārk
Delfin (m)	डॉलफ़िन (f)	dolafin
Wal (m)	ह्वेल (f)	hvel

Krabbe (f)	केकड़ा (m)	kekara
Meduse (f)	जेली फ़िश (f)	jelī fish
Krake (m)	आक्टोपस (m)	āktopas

Seestern (m)	स्टार फ़िश (f)	stār fish
Seeigel (m)	जलसाही (f)	jalasāhī
Seepferdchen (n)	समुद्री घोड़ा (m)	samudrī ghora

Auster (f)	कस्तूरा (m)	kastūra
Garnele (f)	झींगा (f)	jhīnga
Hummer (m)	लॉब्सटर (m)	lobsatar
Languste (f)	स्पाइनी लॉब्सटर (m)	spainī lobsatar

92. Amphibien Reptilien

| Schlange (f) | सर्प (m) | sarp |
| Gift-, giftig | विषैला | vishaila |

Viper (f)	वाइपर (m)	vaipar
Kobra (f)	नाग (m)	nāg
Python (m)	अजगर (m)	ajagar
Boa (f)	अजगर (m)	ajagar
Ringelnatter (f)	साँप (f)	sānp

| Klapperschlange (f) | रैटल सर्प (m) | raital sarp |
| Anakonda (f) | एनाकोन्डा (f) | enākonda |

Eidechse (f)	छिपकली (f)	chhipakalī
Leguan (m)	इग्यूएना (m)	igyūena
Waran (m)	मॉनिटर छिपकली (f)	monitar chhipakalī
Salamander (m)	सैलामैंडर (m)	sailāmaindar
Chamäleon (n)	गिरगिट (m)	giragit
Skorpion (m)	वृश्चिक (m)	vrshchik

Schildkröte (f)	कछुआ (m)	kachhua
Frosch (m)	मेंढक (m)	mendhak
Kröte (f)	भेक (m)	bhek
Krokodil (n)	मगर (m)	magar

93. Insekten

Insekt (n)	कीट (m)	kīt
Schmetterling (m)	तितली (f)	titalī
Ameise (f)	चींटी (f)	chīntī
Fliege (f)	मक्खी (f)	makkhī
Mücke (f)	मच्छर (m)	machchhar
Käfer (m)	भृंग (m)	bhrng

Wespe (f)	हड्डा (m)	hadda
Biene (f)	मधुमक्खी (f)	madhumakkhī
Hummel (f)	भंवरा (m)	bhanvara
Bremse (f)	गोमक्खी (f)	gomakkhī

| Spinne (f) | मकड़ी (f) | makarī |
| Spinnennetz (n) | मकड़ी का जाल (m) | makarī ka jāl |

Libelle (f)	व्याध-पतंग (m)	vyādh-patang
Grashüpfer (m)	टिड्डा (m)	tidda
Schmetterling (m)	पतंगा (m)	patanga

Schabe (f)	तिलचट्टा (m)	tilachatta
Zecke (f)	जुँआ (m)	juna
Floh (m)	पिस्सू (m)	pissū
Kriebelmücke (f)	भुनगा (m)	bhunaga

Heuschrecke (f)	टिड्डी (f)	tiddī
Schnecke (f)	घोंघा (m)	ghongha
Heimchen (n)	झींगुर (m)	jhīngur
Leuchtkäfer (m)	जुगनू (m)	juganū
Marienkäfer (m)	सोनपंखी (f)	sonapankhī
Maikäfer (m)	कोकचाफ़ (m)	kokachāf

Blutegel (m)	जोंक (m)	jok
Raupe (f)	इल्ली (f)	illī
Wurm (m)	केंचुआ (m)	kenchua
Larve (f)	कीटडिंभ (m)	kītadimbh

FLORA

94. Bäume

Baum (m)	पेड़ (m)	per
Laub-	पर्णपाती	parnapātī
Nadel-	शंकुधर	shankudhar
immergrün	सदाबहार	sadābahār
Apfelbaum (m)	सेब वृक्ष (m)	seb vrksh
Birnbaum (m)	नाश्पाती का पेड़ (m)	nāshpātī ka per
Kirschbaum (m)	चेरी का पेड़ (f)	cherī ka per
Pflaumenbaum (m)	आलूबुख़ारे का पेड़ (m)	ālūbukhāre ka per
Birke (f)	सनोबर का पेड़ (m)	sanobar ka per
Eiche (f)	बलूत (m)	balūt
Linde (f)	लिनडेन वृक्ष (m)	linaden vrksh
Espe (f)	आस्पेन वृक्ष (m)	āspen vrksh
Ahorn (m)	मेपल (m)	mepal
Fichte (f)	फर का पेड़ (m)	far ka per
Kiefer (f)	देवदार (m)	devadār
Lärche (f)	लार्च (m)	lārch
Tanne (f)	फर (m)	far
Zeder (f)	देवदर (m)	devadar
Pappel (f)	पोप्लर वृक्ष (m)	poplar vrksh
Vogelbeerbaum (m)	रोवाण (m)	rovān
Weide (f)	विलो (f)	vilo
Erle (f)	आल्डर वृक्ष (m)	āldar vrksh
Buche (f)	बीच (m)	bīch
Ulme (f)	एल्म वृक्ष (m)	elm vrksh
Esche (f)	एश-वृक्ष (m)	esh-vrksh
Kastanie (f)	चेस्टनट (m)	chestanat
Magnolie (f)	मैगनोलिया (f)	maiganoliya
Palme (f)	ताड़ का पेड़ (m)	tār ka per
Zypresse (f)	सरो (m)	saro
Mangrovenbaum (m)	मैनग्रोव (m)	mainagrov
Baobab (m)	गोरक्षी (m)	gorakshī
Eukalyptus (m)	यूकेलिप्टस (m)	yūkeliptas
Mammutbaum (m)	सेकोइया (f)	sekoiya

95. Büsche

Strauch (m)	झाड़ी (f)	jhārī
Gebüsch (n)	झाड़ी (f)	jhārī

| Weinstock (m) | अंगूर की बेल (f) | angūr kī bel |
| Weinberg (m) | अंगूर का बाग़ (m) | angūr ka bāg |

Himbeerstrauch (m)	रास्पबेरी की झाड़ी (f)	rāspaberī kī jhāṛī
rote Johannisbeere (f)	लाल करेंट की झाड़ी (f)	lāl karent kī jhāṛī
Stachelbeerstrauch (m)	गूज़बेरी की झाड़ी (f)	gūzaberī kī jhāṛī

Akazie (f)	ऐकेशिय (m)	aikeshiy
Berberitze (f)	बारबेरी झाड़ी (f)	bāraberī jhāṛī
Jasmin (m)	चमेली (f)	chamelī

Wacholder (m)	जूनिपर (m)	jūnipar
Rosenstrauch (m)	गुलाब की झाड़ी (f)	gulāb kī jhāṛī
Heckenrose (f)	जंगली गुलाब (m)	jangalī gulāb

96. Obst. Beeren

Frucht (f)	फल (m)	fal
Früchte (pl)	फल (m pl)	fal
Apfel (m)	सेब (m)	seb

| Birne (f) | नाशपाती (f) | nāshpātī |
| Pflaume (f) | आलूबुखारा (m) | ālūbukhāra |

Erdbeere (f)	स्ट्रॉबेरी (f)	stroberī
Kirsche (f)	चेरी (f)	cherī
Weintrauben (pl)	अंगूर (m)	angūr

Himbeere (f)	रास्पबेरी (f)	rāspaberī
schwarze Johannisbeere (f)	काली करेंट (f)	kālī karent
rote Johannisbeere (f)	लाल करेंट (f)	lāl karent

| Stachelbeere (f) | गूज़बेरी (f) | gūzaberī |
| Moosbeere (f) | क्रेनबेरी (f) | krenaberī |

Apfelsine (f)	संतरा (m)	santara
Mandarine (f)	नारंगी (f)	nārangī
Ananas (f)	अनानास (m)	anānās

| Banane (f) | केला (m) | kela |
| Dattel (f) | खजूर (m) | khajūr |

Zitrone (f)	नींबू (m)	nīmbū
Aprikose (f)	खूबानी (f)	khūbānī
Pfirsich (m)	आड़ू (m)	āṛū

| Kiwi (f) | चीकू (m) | chīkū |
| Grapefruit (f) | ग्रेपफ्रूट (m) | grepafrūt |

Beere (f)	बेरी (f)	berī
Beeren (pl)	बेरियां (f pl)	beriyān
Preiselbeere (f)	काओबेरी (f)	kaoberī
Walderdbeere (f)	जंगली स्ट्रॉबेरी (f)	jangalī stroberī
Heidelbeere (f)	बिलबेरी (f)	bilaberī

97. Blumen. Pflanzen

Deutsch	Hindi	Transkription
Blume (f)	फूल (m)	fūl
Blumenstrauß (m)	गुलदस्ता (m)	guladasta
Rose (f)	गुलाब (f)	gulāb
Tulpe (f)	ट्यूलिप (m)	tyūlip
Nelke (f)	गुलनार (m)	gulanār
Gladiole (f)	ग्लेडियोलस (m)	glediyolas
Kornblume (f)	नीलकूपी (m)	nīlakūpī
Glockenblume (f)	ब्लूबेल (m)	blūbel
Löwenzahn (m)	कुकरौंधा (m)	kukaraundha
Kamille (f)	कैमोमाइल (m)	kaimomail
Aloe (f)	मुसब्बर (m)	musabbar
Kaktus (m)	कैक्टस (m)	kaiktas
Gummibaum (m)	रबड़ का पौधा (m)	rabar ka paudha
Lilie (f)	कुमुदिनी (f)	kumudinī
Geranie (f)	जेरेनियम (m)	jeraniyam
Hyazinthe (f)	हायसिंथ (m)	hāyasinth
Mimose (f)	मिमोसा (m)	mimosa
Narzisse (f)	नरगिस (f)	naragis
Kapuzinerkresse (f)	नस्टाशयम (m)	nastāshayam
Orchidee (f)	आर्किड (m)	ārkid
Pfingstrose (f)	पियोनी (m)	piyonī
Veilchen (n)	वॉयलेट (m)	voyalet
Stiefmütterchen (n)	पैंज़ी (m pl)	painzī
Vergissmeinnicht (n)	फर्गेट मी नाट (m)	fargent mī nāt
Gänseblümchen (n)	गुलबहार (f)	gulabahār
Mohn (m)	खशखाश (m)	khashakhāsh
Hanf (m)	भांग (f)	bhāng
Minze (f)	पुदीना (m)	pudīna
Maiglöckchen (n)	कामुदिनी (f)	kāmudinī
Schneeglöckchen (n)	सफ़ेद फूल (m)	safed fūl
Brennnessel (f)	बिच्छू बूटी (f)	bichchhū būtī
Sauerampfer (m)	सोरेल (m)	sorel
Seerose (f)	कुमुदिनी (f)	kumudinī
Farn (m)	फर्न (m)	farn
Flechte (f)	शैवाक (m)	shaivāk
Gewächshaus (n)	शीशाघर (m)	shīshāghar
Rasen (m)	घास का मैदान (m)	ghās ka maidān
Blumenbeet (n)	फुलवारी (f)	fulavārī
Pflanze (f)	पौधा (m)	paudha
Gras (n)	घास (f)	ghās
Grashalm (m)	तिनका (m)	tinaka

Blatt (n)	पत्ती (f)	pattī
Blütenblatt (n)	पंखड़ी (f)	pankharī
Stiel (m)	डंडी (f)	dandī
Knolle (f)	कंद (m)	kand

| Jungpflanze (f) | अंकुर (m) | ankur |
| Dorn (m) | कांटा (m) | kānta |

blühen (vi)	खिलना	khilana
welken (vi)	मुरझाना	murajhāna
Geruch (m)	बू (m)	bū
abschneiden (vt)	काटना	kātana
pflücken (vt)	तोड़ना	torana

98. Getreide, Körner

Getreide (n)	दाना (m)	dāna
Getreidepflanzen (pl)	अनाज की फ़सलें (m pl)	anāj kī fasalen
Ähre (f)	बाल (f)	bāl

Weizen (m)	गेहूं (m)	gehūn
Roggen (m)	रई (f)	raī
Hafer (m)	जई (f)	jaī
Hirse (f)	बाजरा (m)	bājara
Gerste (f)	जौ (m)	jau

Mais (m)	मक्का (m)	makka
Reis (m)	चावल (m)	chāval
Buchweizen (m)	मोथी (m)	mothī

Erbse (f)	मटर (m)	matar
weiße Bohne (f)	राजमा (f)	rājama
Sojabohne (f)	सोया (m)	soya
Linse (f)	दाल (m)	dāl
Bohnen (pl)	फली (f pl)	falī

LÄNDER DER WELT

99. Länder. Teil 1

Afghanistan	अफ़ग़ानिस्तान (m)	afagānistān
Ägypten	मिस्र (m)	misr
Albanien	अल्बानिया (m)	albāniya
Argentinien	अर्जेंटीना (m)	arjentīna
Armenien	आर्मीनिया (m)	ārmīniya
Aserbaidschan	आज़रबाइजान (m)	āzarabaijān
Australien	आस्ट्रेलिया (m)	āstreliya
Bangladesch	बांग्लादेश (m)	bānglādesh
Belgien	बेल्जियम (m)	beljiyam
Bolivien	बोलीविया (m)	bolīviya
Bosnien und Herzegowina	बोस्निया और हर्ज़ेगोविना	bosniya aur harzegovina
Brasilien	ब्राज़ील (m)	brāzīl
Bulgarien	बुल्गारिया (m)	bulgāriya
Chile	चिली (m)	chilī
China	चीन (m)	chīn
Dänemark	डेन्मार्क (m)	denmārk
Deutschland	जर्मन (m)	jarman
Die Bahamas	बहामा (m)	bahāma
Die Vereinigten Staaten	संयुक्त राज्य अमरीका (m)	sanyukt rājy amarīka
Dominikanische Republik	डोमिनिकन रिपब्लिक (m)	dominikan ripablik
Ecuador	इक्वेडोर (m)	ikvedor
England	इंग्लैंड (m)	inglaind
Estland	एस्तोनिया (m)	estoniya
Finnland	फ़िनलैंड (m)	finalaind
Frankreich	फ़्रांस (m)	frāns
Französisch-Polynesien	फ्रेंच पॉलीनेशिया (m)	french polīneshiya
Georgien	जॉर्जिया (m)	jorjiya
Ghana	घाना (m)	ghāna
Griechenland	गीस (m)	grīs
Großbritannien	ग्रेट ब्रिटेन (m)	gret briten
Haiti	हाइटी (m)	haitī
Indien	भारत (m)	bhārat
Indonesien	इण्डोनेशिया (m)	indoneshiya
Irak	इराक़ (m)	irāq
Iran	इरान (m)	irān
Irland	आयरलैंड (m)	āyaralaind
Island	आयसलैंड (m)	āyasalaind
Israel	इसायल (m)	isrāyal
Italien	इटली (m)	italī

100. Länder. Teil 2

Jamaika	जमैका (m)	jamaika
Japan	जापान (m)	jāpān
Jordanien	जॉर्डन (m)	jordan
Kambodscha	कम्बोडिया (m)	kambodiya
Kanada	कनाडा (m)	kanāda
Kasachstan	कज़ाकस्तान (m)	kazākastān
Kenia	केन्या (m)	kenya
Kirgisien	किर्गीज़िया (m)	kirgīziya
Kolumbien	कोलम्बिया (m)	kolambiya
Kroatien	क्रोएशिया (m)	kroeshiya
Kuba	क्यूबा (m)	kyūba
Kuwait	कुवैत (m)	kuvait
Laos	लाओस (m)	laos
Lettland	लाटविया (m)	lātaviya
Libanon (m)	लेबनान (m)	lebanān
Libyen	लीबिया (m)	lībiya
Liechtenstein	लिकटेंस्टीन (m)	likatenstīn
Litauen	लिथुआनिया (m)	lithuāniya
Luxemburg	लक्ज़मबर्ग (m)	lakzamabarg
Madagaskar	मडागास्कार (m)	madāgāskār
Makedonien	मेसेडोनिया (m)	mesedoniya
Malaysia	मलेशिया (m)	maleshiya
Malta	माल्टा (m)	mālta
Marokko	मोरक्को (m)	morakko
Mexiko	मेक्सिको (m)	meksiko
Moldawien	मोलदोवा (m)	moladova
Monaco	मोनाको (m)	monāko
Mongolei (f)	मंगोलिया (m)	mangoliya
Montenegro	मॉंटेनेग्रो (m)	montenegro
Myanmar	म्यांमर (m)	myāmmar
Namibia	नामीबिया (m)	nāmībiya
Nepal	नेपाल (m)	nepāl
Neuseeland	न्यू ज़ीलैंड (m)	nyū zīlaind
Niederlande (f)	नीदरलैंड्स (m)	nīdaralainds
Nordkorea	उत्तर कोरिया (m)	uttar koriya
Norwegen	नार्वे (m)	nārve
Österreich	ऑस्ट्रिया (m)	ostriya

101. Länder. Teil 3

Pakistan	पाकिस्तान (m)	pākistān
Palästina	फिलिस्तीन (m)	filistīn
Panama	पनामा (m)	panāma
Paraguay	परागुआ (m)	parāgua
Peru	पेरू (m)	perū
Polen	पोलैंड (m)	polaind
Portugal	पुर्तगाल (m)	purtagāl

Republik Südafrika	दक्षिण अफ्रीका (m)	dakshin afrīka
Rumänien	रोमानिया (m)	romāniya
Russland	रूस (m)	rūs

Sansibar	ज़ैंज़िबार (m)	zainzibār
Saudi-Arabien	सऊदी अरब (m)	saūdī arab
Schottland	स्कॉटलैंड (m)	skotalaind
Schweden	स्वीडन (m)	svīdan
Schweiz (f)	स्विट्ज़रलैंड (m)	svitzaralaind
Senegal	सेनेगाल (m)	senegāl
Serbien	सर्बिया (m)	sarbiya
Slowakei (f)	स्लोवाकिया (m)	slovākiya
Slowenien	स्लोवेनिया (m)	sloveniya
Spanien	स्पेन (m)	spen
Südkorea	दक्षिण कोरिया (m)	dakshin koriya
Suriname	सूरीनाम (m)	sūrīnām
Syrien	सीरिया (m)	sīriya

Tadschikistan	ताजिकिस्तान (m)	tājikistān
Taiwan	ताइवान (m)	taivān
Tansania	तंज़ानिया (m)	tanzāniya
Tasmanien	तास्मानिया (m)	tāsmāniya
Thailand	थाईलैंड (m)	thāilaind
Tschechien	चेक गणतंत्र (m)	chek ganatantr
Tunesien	ट्यूनीसिया (m)	tyunīsiya
Türkei (f)	तुर्की (m)	turkī
Turkmenistan	तुर्कमानिस्तान (m)	turkamānistān

Ukraine (f)	यूक्रेन (m)	yūkren
Ungarn	हंगरी (m)	hangarī
Uruguay	उरुग्वे (m)	urugve
Usbekistan	उज़्बेकिस्तान (m)	uzbekistān

Vatikan (m)	वेटिकन (m)	vetikan
Venezuela	वेनेज़ुएला (m)	venezuela
Vereinigten Arabischen Emirate	संयुक्त अरब अमीरात (m)	sanyukt arab amīrāt
Vietnam	वियतनाम (m)	viyatanām
Weißrussland	बेलारूस (m)	belārūs
Zypern	साइप्रस (m)	saipras

www.ingramcontent.com/pod-product-compliance
Lightning Source LLC
Chambersburg PA
CBHW070831050426
42452CB00011B/2238